JN300311

知識ゼロからのビジネス韓非子

経営コンサルタント 前田信弘 著
古谷三敏 画

幻冬舎

はじめに

「矛盾《むじゅん》」という言葉のもとになった盾《たて》と矛《ほこ》を売る男の話を知っているだろうか。

楚《そ》の国で、盾と矛とを売っていた男が、「この盾はどんな矛でも突き通すことができない」と宣伝し、次に「この矛はどんな堅い盾をも突き通すことができる」と誇ったが、「それでは、その矛でその盾を突けばどうなるか」とたずねられて答えることができなかった、というものであるが、これは『韓非子《かんぴし》』が出典である。

『韓非子』は、古代中国の法家思想を伝える代表的な書物である。『論語《ろんご》』などに比べるとあまりなじみがないかもしれないが、法家思想を知るための書にとどまらず、広く人間学の書として読むことができるものである。

本書は、『韓非子』の入門書である。二十巻五十五篇のなかから一部を取り上げ、ビジネスに即して解説を加えてみた。日常の生活や日々の仕事の参考となれば幸いである。

なお、本書の読み下し文は、『韓非子』金谷治（岩波書店）によります。また、訳は『韓非子』金谷治（岩波書店）、『中国の思想　韓非子』西野広祥　市川宏（徳間書店）、『韓非子──強者の人間学』守屋洋（ＰＨＰ研究所）を参考にさせていただきました。この場を借りて感謝申し上げます。

第1章　仕事と処世の要諦

第2章 対人関係の難しさ

もくじ

第3章 上に立つ者の心得とテクニック

第4章 使うべき七つの「術」

第5章 警戒すべき六つの「微」

第6章　気をつけるべき十の「過ち」

『韓非子』——非情の人間学の書

『韓非子』とは？

『韓非子』は、中国の戦国時代の思想家・韓非の著作であり、中国古代の法家（厳格な法治を主張した学派）思想を伝える代表的な書物である。

だが、『韓非子』は単に法家思想を知るための書にとどまらない。広く人間学の書として読めるのである。なぜなら、人間存在についての深い洞察があり、冷めた目で人間の真実をえぐり出しているからだ。

韓非は、人間とは自分の利益を追求する存在であるとしている。だから、「人間を動かしているものは利益のみであり、愛情や義理、人情などによって動くわけではない」と認識しているのだ。そうしたところに韓非の冷たく非情な人間観を見ることができるのである。

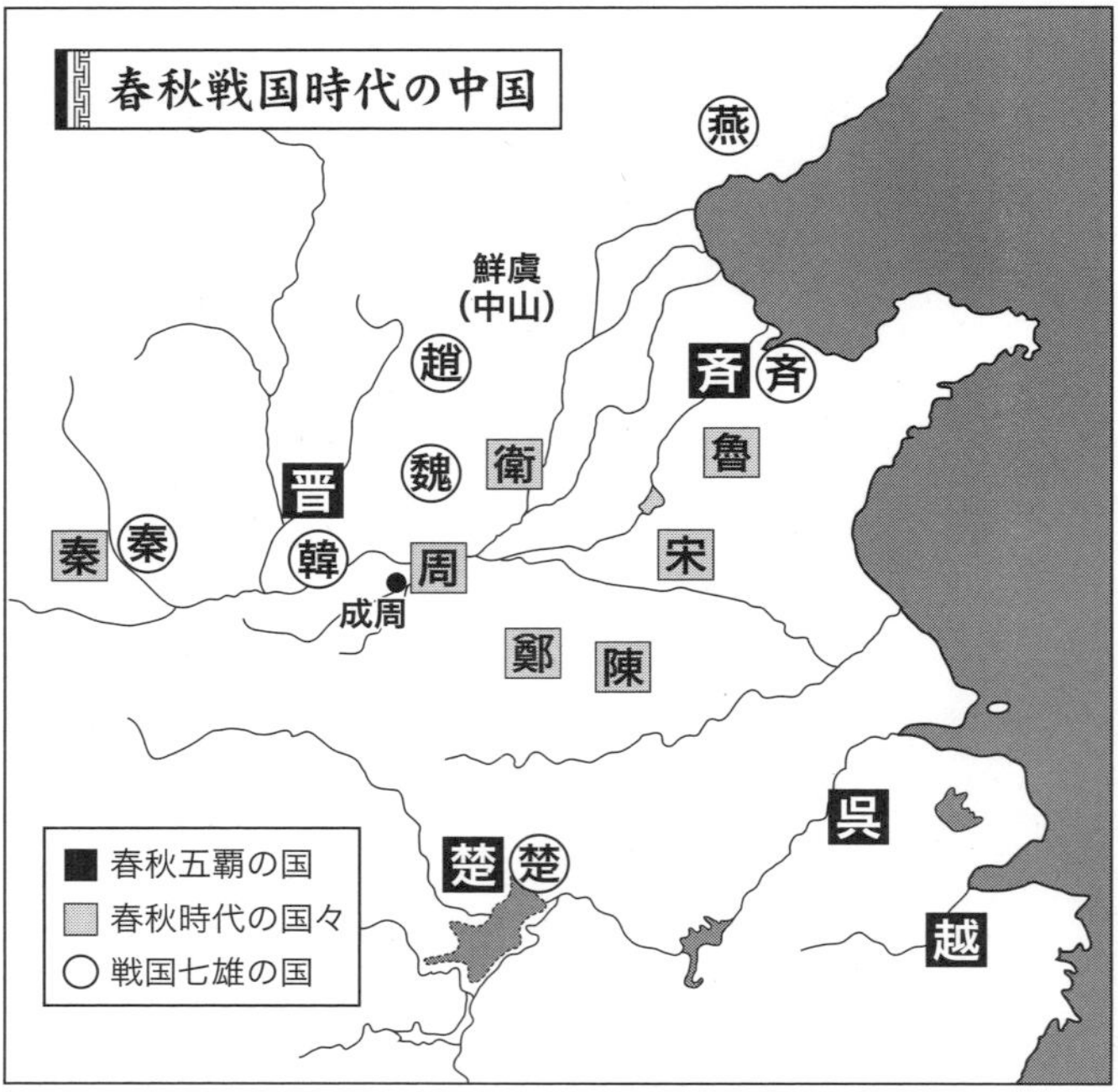

韓非の悲劇的な生涯

韓非。姓が「韓」、名が「非」である。韓《かん》の国の諸公子として生まれたが、傍系であり、さらには吃音であったとされる。彼は若いころ儒家《じゅか》の荀子《じゅんし》に学んだが、ほどなく荀子を離れ、諸学派の説を取り入れ、また批判することによって独自の学問を形成していった。

韓非は、日に日に衰えていく韓を憂い、しばしば国王に意見を献じたが、それが取り上げられることはなかった。だが、それが学説となり、多くの名文を生むことになったのである。ただし、それが、母国である韓を滅ぼす秦《しん》の君主に採用されるという結果を生むことになったのは皮肉なことである。

やがて彼の文章が、のちの始皇帝となる秦王・政《せい》の目にとまる。秦王は「孤憤《こふん》」「五蠹《ごと》」の二篇を読むと感嘆の声をあげたという。

「ああ、これを書いた者と会えたら、わしは死んでもかまわない」

秦王はとても感動し、この文章が韓非のものだとわかると、韓に攻撃をしかけて、使者として韓非を派遣するようにと要求した。

こうして韓非は秦王と会うことになり、彼の幸運が開けたかに思えたが、うまくはいかなかった。荀子のもとでともに学んだ李斯《りし》が邪魔をするのである。李斯は韓非が登用されたら、自分の地位がおびやかされるのではないかと思い、韓非を始末するよう秦王に進言した。韓非は獄につながれ、李斯が届けた毒薬で自殺させられた。その三年後に母国韓は滅亡し、さらにその後、秦王は天下を統一して始皇帝となったのである。

韓非
（？～前233）

現代に活かす『韓非子』のマネジメント

『韓非子』の統治理論の中核

韓非は非情の人間観の上に立って、統治理論を展開するが、その理論の中心にあるのが、「法」「術」「勢」の三つである。この三つが『韓非子』のマネジメントの中核ともいえるものであるが、簡単に説明すると次のようになる。

まず「法」とは、法律、成文化された規定であり、「術」とは、法を運用する方法、テクニックのようなものである。そして、「勢」とは権勢とか権限、言いかえれば権力ともいえるものである。

現代風にいえば、「法＝ルール」を厳しく適用し、「術＝テクニック」を駆使して、「勢＝権力」を握り、部下をコントロールし、組織を管理するとなるだろう。

『韓非子』の統治理論の中核

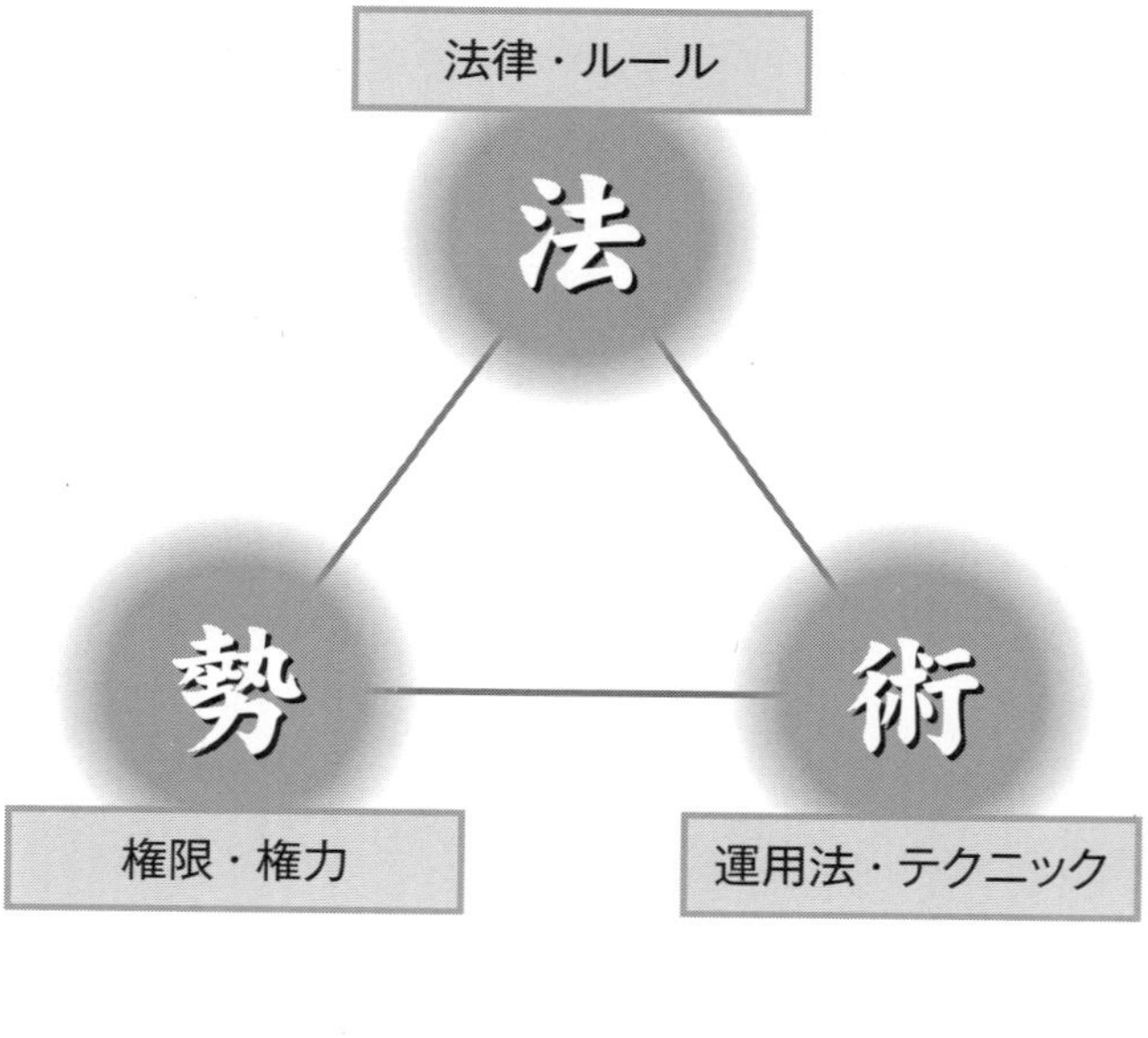

『韓非子』のマネジメントに学ぶ

韓非が「人は利益を追求する存在である」としていることについては先に触れたが、ではどうすれば人を動かし、管理することができるのか。その韓非の統治理論、冷徹なマネジメント・ノウハウには、現代ビジネス社会におけるトップやリーダーにとっても学ぶべきことが多くあるだろう。

その考え方に賛成するかどうか、またそのまま実践するかどうかは別として、上に立つ者としての心構えやテクニック、組織管理、部下操縦法など、参考になるものがさまざまあるはずだ。また、トップやリーダーに限らず、人間学の書として、深く人間の本質を知るためのヒントになるものが数多くあるだろう。

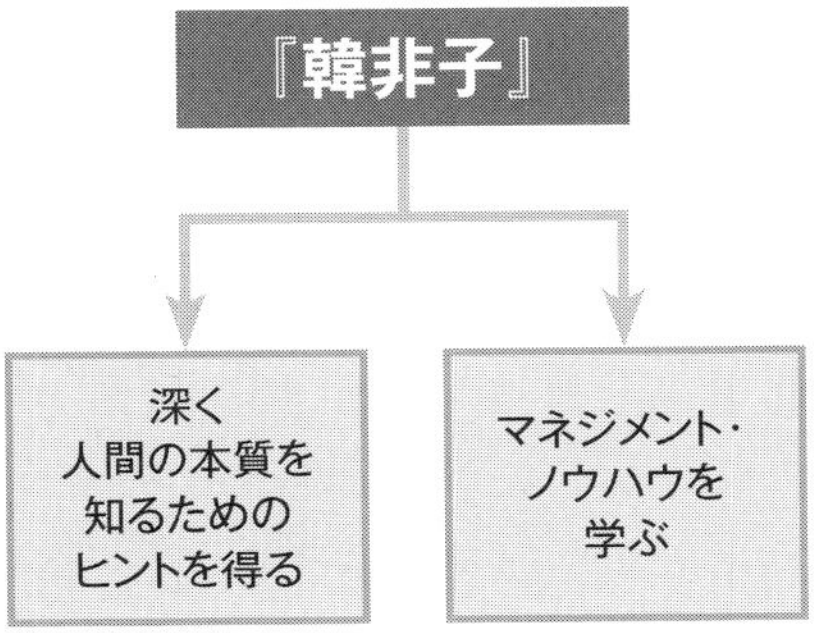
『韓非子』
深く
人間の本質を
知るための
ヒントを得る
マネジメント・
ノウハウを
学ぶ

『韓非子』の構成

『韓非子』は、二十巻五十五篇から成るが、韓非の自作ばかりではないとされている。本書では『韓非子』の一部を取り上げているが、参考までに『韓非子』五十五篇の構成を紹介しておこう。

第一	初見秦
第二	存韓
第三	難言
第四	愛臣
第五	主道
第六	有度
第七	二柄
第八	揚搉
第九	八姦
第十	十過
第十一	孤憤
第十二	説難
第十三	和氏
第十四	姦劫弑臣
第十五	亡徴
第十六	三守
第十七	備内
第十八	南面
第十九	飾邪

第二十	解老
第二十一	喩老
第二十二	説林上
第二十三	説林下
第二十四	観行
第二十五	安危
第二十六	守道
第二十七	用人
第二十八	功名
第二十九	大体
第三十	内儲説上
第三十一	内儲説下
第三十二	外儲説左上
第三十三	外儲説左下
第三十四	外儲説右上
第三十五	外儲説右下
第三十六	難一
第三十七	難二
第三十八	難三

第三十九	難四
第四十	難勢
第四十一	問弁
第四十二	問田
第四十三	定法
第四十四	説疑
第四十五	詭使
第四十六	六反
第四十七	八説
第四十八	八経
第四十九	五蠹
第五十	顕学
第五十一	忠孝
第五十二	人主
第五十三	飭令
第五十四	心度
第五十五	制分

トップやリーダーの必読書――『韓非子』

第1章 仕事と処世の要諦

この章は仕事への取り組み方や現代社会を生き抜くために必要なことなどがテーマになっています

臨機応変に行動し、現実に即した対応を心がける

鄭《てい》の国の人で靴を買おうとする者がいた。

まず自分の足の寸法をはかったが、市場に行くときにその寸法書きを持って出るのを忘れた。いざ靴を買おうという段になって、

「寸法書きを持ってくるのを忘れた」

と言って、家に取りに帰った。寸法書きを取って市場に戻ると、店はもう閉まっていて、靴は買えなかった。

「どうして自分の足に合わせてみなかったのですか」

と人が聞くと、彼はこう答えた。

「自分の足よりも、寸法書きのほうが信用できるからだ」

読み下し文

鄭人、且《まさ》に履《くつ》を買わんとする者有り。先ず自ら其《そ》の足を度《はか》りて、これを其の坐に置き、市《いち》に之《ゆ》くに至りてこれを操《と》るを忘る。已《すで》に履を得、乃《すなわ》ち曰《い》わく、吾《わ》れ度《ど》を持つを忘れたりと。反《かえ》り帰りてこれを取る。反るに及べば市罷《や》み、遂に履を得ず。人曰わく、何ぞこれを試むるに足を以《もっ》てせざると。曰わく、寧《むし》ろ度を信ずるも、自ら信ずる無きなりと。

（外儲説左上）

マニュアルだけを信じ、現実を無視してはならない

現実的な対応ができず、思考が硬直化した者を笑った話であるが、現代社会においても、こういったことがあるのではないだろうか。

たとえばマニュアルだけを信用し、マニュアル通りにしか動けない者などがそうだろう。マニュアル通りに行動することは大切だが、ときにはマニュアルにない事態に遭遇することもあるだろう。そんなときは**臨機応変に行動し、現実に即した対応を心がけたい**ものだ。営業先に行って、商談中に営業マニュアルを忘れたからといって会社に取りに戻るような、そんな笑い話のようなことはしたくない。くれぐれもマニュアルだけを信じ、現実を無視することのないように注意したい。

状況に合わせて臨機応変に行動する　心がけたいですね

マニュアル通り

なぜ自分の頭で考えて行動しないんだ!
マニュアル通りに行動しろと言ったのは社長ですよ
そりゃそうだが……
ときには臨機応変に対応することも必要だろう
マニュアルに書いてあればそうしますけど……

マニュアルにはない事態も起こり得る。そんなときは現実に即し、臨機応変に対応しなければならない。

前と同じにすればよいと思い込むのは禁物

鄭《てい》の県に住む卜子《ぼくし》という者が、妻にズボンをつくらせた。妻がこうたずねた。

「今度のズボンはどのようにつくりましょう」

「前のと同じにしてくれ」

と卜子は答えた。すると妻は、新しいズボンを破ってぼろぼろにして、古いズボンと同じにした。

読み下し文

鄭の県人の卜子、其の妻をして袴《こ》を為《つく》らしむ。其の妻問うて曰わく、今の袴は如何《いかん》せんと。夫曰わく、吾が故《ふる》き袴に象《かたど》れと。妻子《さいし》、因《よ》りて新を毀《こぼ》ちて故き袴の如《ごと》くならしむ。

（外儲説左上）

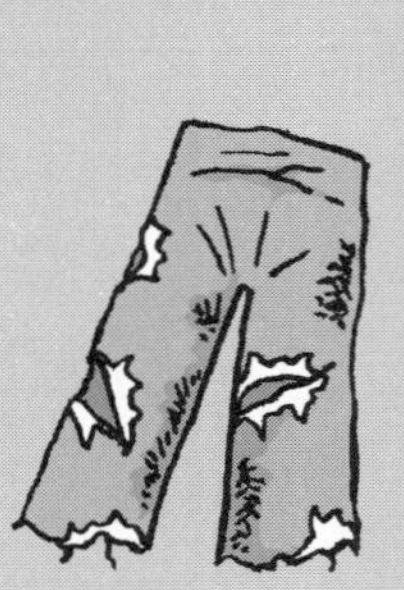

前例や慣習にとらわれてはならない

これもまた笑い話である。前と同じにすればよいと思い込んで、わざわざ新しいズボンをぼろぼろにしてしまったわけである。

仕事においても、**前と同じにすればよいと思い込むのは禁物**だ。そう思い込んでいると進歩が望めず、何事も前例通りと慣習にとらわれていると、時代や環境に合わなくなっていくからだ。

たとえば営業にしても、「今までこうしてきたから」と同じ営業方法を続けていくだけでなく、ときには営業スタイルや営業ツールなどを変えてみることも必要であろう。前例・慣習にとらわれず、前とは違ったやり方を試してみる。そういった柔軟さを持ちたいものだ。

前はこうした、いつもこうしている、だからいいんだと思い込むのは禁物

新しいやり方に挑戦

営業で失敗続きといいうけどさアプローチの方法は変えてみたの？
いえそれはしてません
だって今まで自分のやり方でうまくいってたんですよ
変える必要はないと思います……
けど今はその方法で結果が出ていないんだろ
通用しなくなったということじゃないのか
ん……たしかにボクは過去の成功にとらわれすぎていたのかもしれません
新しいやり方に挑戦すべきかもしれませんね

前例にとらわれていると、進歩は望めない。新しいやり方にも挑戦すべきである。

人から信頼されるためには確かでなければならない

恵子《けいし》がこう言った。

「弓の名手の羿《げい》が弓装束に身を固め、弓を手にもって引きしぼると、（危険を感じるはずの）越《えつ》の人でさえ、争って的を持つだろう。しかし、もし幼子《おさなご》が弓を手にしたら、その優しい母でさえ、（危険を感じて）家に入って戸を閉めるだろう。つまり、『確実だと思えば、越の人（見知らぬ人）でさえ羿を疑わなかったが、確実でないと思えば、優しい母でさえ幼子から逃げ出す』ということだ」

読み下し文

恵子曰わく、羿、決を執《と》り扞《かん》を持し、弓を操《と》り機《き》を関《ひ》かば、越人も争いて為めに的を持たん。弱子《じゃくし》弓を扞《ひ》かば、慈母も室に入りて戸を閉《と》じん。故《ゆえ》に曰わく、必《ひつ》すべくんば、則ち越人も羿を疑わず、必すべからずんば、則ち慈母も弱子を逃《のが》ると。

（説林下）

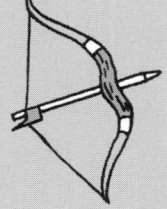

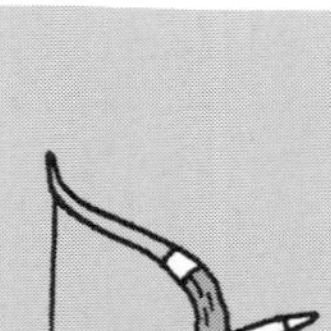

確実に仕事をこなすことが信頼につながる

確かなものは安心であり、人から信頼されるということである。ということは、**人から信頼されるためには確かでなければならない**ということになる。

これは仕事でもあてはまるだろう。常に仕事を確実にこなしていれば、まわりからは信頼されるようになる。逆に仕事がでたらめ、不確実であれば、まわりからの信頼もなくなるだろう。たとえば、上司から資料を提出するように指示を受けたとしよう。その提出期限を守らず、おまけに内容も不足していたとすれば、上司からの信頼がなくなるのも当然である。日頃から「**確実さ**」を心がけたいものだ。

松ちゃん
いつも原稿の締切に遅れていると信頼されなくなりますよ

相手からの信頼を得るためには

マスター聞いてくれよ
今日商談だったんだけどさ
少し遅刻したくらいで先方が怒っちゃってさ
そりゃあ約束の時間に遅れるのは……
ほんの5~6分なんだよ
そのくらい大目に見てくれてもいいんじゃないの
怒られて当然ですよ相手から信頼されるためには約束の時間は守るべきです

取引先との約束の時間を守れずに、相手からの信頼が得られるはずはない。

あらかじめ余地を残しておくこと

桓赫《かんかく》がこう言った。

「人形の顔を彫刻するときは、鼻は大きいほど、目は小さいほどよい。鼻は大きければ小さくできるが、小さく彫ってしまうと大きくできない。目は小さければ大きくできるが、大きく彫ってしまうと小さくできないものだ」

ほかのことを行う場合にも同じことがいえる。修正ができるように気を配って行えば、失敗も少ないものだ。

読み下し文

桓赫曰わく、刻削《こくさく》の道、鼻は大なるに如《し》くは莫《な》く、目は小なるに如くは莫し。鼻は大なれば小にすべきも、小ならば大にすべからず。目は小なれば大にすべきも、大ならば小にすべからずと。事を挙ぐるも亦《ま》た然《しか》り。其の復《ふく》すべからざる者の為めにせば、則ち事は敗《やぶ》るること寡《すく》なからん。

（説林下）

余地を残しておけば失敗が少なくなる

なるほど、その通りと思える話である。顔を彫刻するときに、削りすぎてしまうと、あとで修正がきかなくなる。修正の余地を残しておけば、失敗も少ないというわけである。

あらかじめ余地を残しておくことは、仕事においてもいえることだ。何事もぎりぎりでは、いざトラブルが起きたときなど、修正ができず、手の施しようがなくなる。だが、余地さえ残しておけば、そういった事態に陥らずに済む。当然、失敗も少なくなるだろう。

たとえば仕事の段取り、スケジュールを組む場合などがそうだろう。時間や期間がぎりぎりというのでは、ちょっとしたトラブルで商談に遅れたり、納期に間に合わなくなったりという事態に陥る。余裕を持たせておけば、そうならなくて済むだろう。仕事の基本として心得ておきたいことである。

ぎりぎりだとさらなるトラブルを招く

取材先に
遅れそうに
なってね
慌てて
電車に乗ったら
それが逆方向の
電車でさ……
松ちゃんは
いつも
ぎりぎりだから
そんな失敗を
しちゃうんだよ

余裕がないとさらなるトラブルを招くことになる。常に余地を残しておくべきである。

実用性がなければ意味がない

墨子《ぼくし》が木で鳶《とび》をつくった。三年がかりでできあがったが、一日飛んだだけで壊れてしまった。そこで弟子は言った。

「木の鳶を飛ばすことができるとは、先生の腕はたいしたものです」

墨子はこう答えた。

「いや、車のくびき止め※をつくる者にはかなわない。一尺たらずの小さな材木を使って、一日もかけずに仕上げてしまい、三十石もの重い荷物を遠くまで運ぶ力がある。しかも、何年も長持ちする。今、わたしは鳶をつくったが、三年もかかったうえに、一日で壊れてしまった」

恵子《けいし》がそれを聞いてこう言った。

「墨子はたいした技術者だ。くびき止めをつくる者が、空

読み下し文

墨子、木鳶《ぼくえん》を為《つく》り、三年にして成り、蜚《と》ぶこと一日にして敗《やぶ》る。弟子曰わく、先生の巧、能《よ》く木鳶をして飛ばしむるに至ると。墨子曰わく、車輗《しゃげい》を為る者の巧なるに如《し》かざるなり。咫尺《しせき》の木を用い、一朝の事を費やさずして、三十石の任《にん》を引く。遠きを致すに力多く、歳数に久し。今や我れ鳶を為るに、三年にして成り、蜚ぶこと一日にして敗ると。恵子これを聞きて曰わく、墨子は大巧なり。輗を為るを巧とし、鳶を為るを拙《せつ》と

を飛ぶ鳶をつくる者よりも、腕がたつということをわかっているのだから」

※車の轅《ながえ》の前端に渡して、牛馬の首の後ろにかける横木をつなぎとめる部品

すと。

（外儲説左上）

実際に役立つかどうかが大事

鳶をつくるのは役に立たない仕事。車のくびき止めをつくるのは実用的な仕事。だから、くびき止めをつくるほうが腕達者であるという。

現代ビジネスにおいても同じことがいえよう。たとえば、机上ではいくらよいアイデアやおもしろいプランであっても、それが実現不可能なものであれば意味がない。さらにそれが実現できたとしても、実際に役に立つものとならなければ価値はないのである。

アイデアやプランに限らず、**実用性があるかどうか、実際に役に立つかどうか**——そういった視点で自分の仕事を見つめ直してみるとよいだろう。

自分のアイデアを見つめ直してみると

前にお話ししたビジネスプランですが
採算が合わないので諦めることにしました
そうだったのかとてもおもしろそうなプランだったけど……
お金にならなきゃ意味がないもんな

いくらおもしろいプランであっても採算が合わなければ意味がない。

ただまねをするだけでは意味がない

ある若者が年寄り（年長者）の相手をして酒を飲んだ。年寄りが一杯飲むと自分も一杯飲んだ。

別の話で、魯《ろ》の国に自己流の修養に励む者がいた。年寄りが酒を口にふくんだが、飲みこめずに吐き出した。それを見て、自分もまねをして吐き出した。

また別の話で、宋《そう》の国によいことを見習いたいと思う若者がいた。年寄りが酒を飲んで少しも残さないのを見ると、飲めないくせに、自分もむりやり飲みつくそうとした。

読み下し文

夫《か》の少者、長者に侍《はべ》りて飲むに、長者飲めば、亦《ま》た自ら飲むなり。一に曰わく、魯人自ら喜《よし》（好）とする者有り。長年《ちょうねん》の酒を飲みて、釂《しょう》する能わずしてこれを唾《は》くを見、亦た効《なら》いてこれを唾く。一に曰わく、宋人に少者有り、亦た善に効わんと欲す。長者の飲みて余無きを見、飲《いん》に堪《た》うるに非《あら》ざるに、而《しか》もこれを尽くさんと欲す。

（外儲説左上）

まねするだけでなく自分なりにアレンジを

ただまねをするだけの無意味さ、おろかさを教えてくれる話である。

仕事においても、ときには上司や先輩など他人のまねをすることがあるかもしれない。だが、形だけを似せても、それはあくまでまねであり、それだけでは自分のものとはならない。

はじめはまねであっても、それを自分なりに工夫・アレンジすることによって、**自分のものにすることができれば意味を持つ**ものとなるのだ。

たとえば、優秀な先輩のまねをして、その先輩がよく使う営業トークをそのまま使っても、契約がとれるとは限らない。なぜならそのトークはあくまで先輩の言葉であり、自分の言葉ではないからだ。それを自分なりにアレンジして、自分の言葉にすることができれば、それは価値あるものとなるだろう。

つまり、**まねをするだけではダメ**なのである。

仕事のやり方をまねするだけでは結果は出ない

今までたくさんのビジネス書を読んで上手な仕事のやり方を勉強してきたつもりです
でも学んだ仕事のやり方をまねしてもなかなか結果が出ないんですよ……
お酒も一緒でほかの味をまねただけの酒はやはり売れませんね
少しずつでも自分だけの味を出していくことが大切だと思いますよ

はじめはまねであっても、それを自分のものにすることができれば、意味をなす。

努力する目標が違っているとうまくいかないものである

衛《えい》のある男が娘を嫁にやるときに、こう教えた。

「できるだけヘソクリをためることだ。嫁に行っても追い出されるのは普通のこと。ずっといられるのはまれなことだからな」

娘は嫁入り先でこっそりとヘソクリをためた。そのため、姑によく隠しごとをする嫁だと思われ、追い出されてしまった。娘が実家に帰ってきたとき、その持ち物は嫁に行ったときの倍になっていた。父親は娘に間違ったことを教えたと反省するどころか、財産が増えたことを自分の知恵だと誇る始末であった。

今の役人がやっていることは、この男と同じたぐいだ。

読み下し文

衛人、其の子を嫁《か》して、これに教えて曰わく、必ず私《ひそ》かに積《せき》聚《しゅう》せよ。人の婦と為《な》りて出《い》ださるるは、常なり。其の居を成すは、幸《こう》（倖）なりと。其の子、因りて私かに積聚す。其の姑《こ》以て私多しと為してこれを出だす。其の子以て反《かえ》る所の者は、其の以て嫁する所に倍す。其の父、自ら子に教うるの非を罪せずして、而して自ら其の益〻《ますます》富むを知（智）とす。今、人臣の官に処《お》る者は、皆な是《こ》の類なり。（説林上）

努力の方向を確認する

嫁入り先にずっといられるように努力すればよいのに、ヘソクリをためることに励んでしまった。その結果、娘は追い出されることになったのである。つまり、努力する方向が違っていたのだ。

仕事においても、本来の目標と別の方向に向かって努力すると、うまくいかないどころかマイナスに働くことにもなる。たとえば、これから需要が見込まれるA商品の販売促進に力を入れるべきなのに、供給過剰気味のB商品の販売に力を注いでしまったらどうなるだろう。せっかく努力しても、B商品の売上は伸びず、そればかりかA商品のシェアを他社に奪われてしまうかもしれない。そうならないためには、**自分の努力する方向が間違っていないかどうかを適宜確認する**必要があるだろう。

努力することは大切ですが、努力の方向が間違っているとうまくいかないものです

どこに努力を向けるべきか

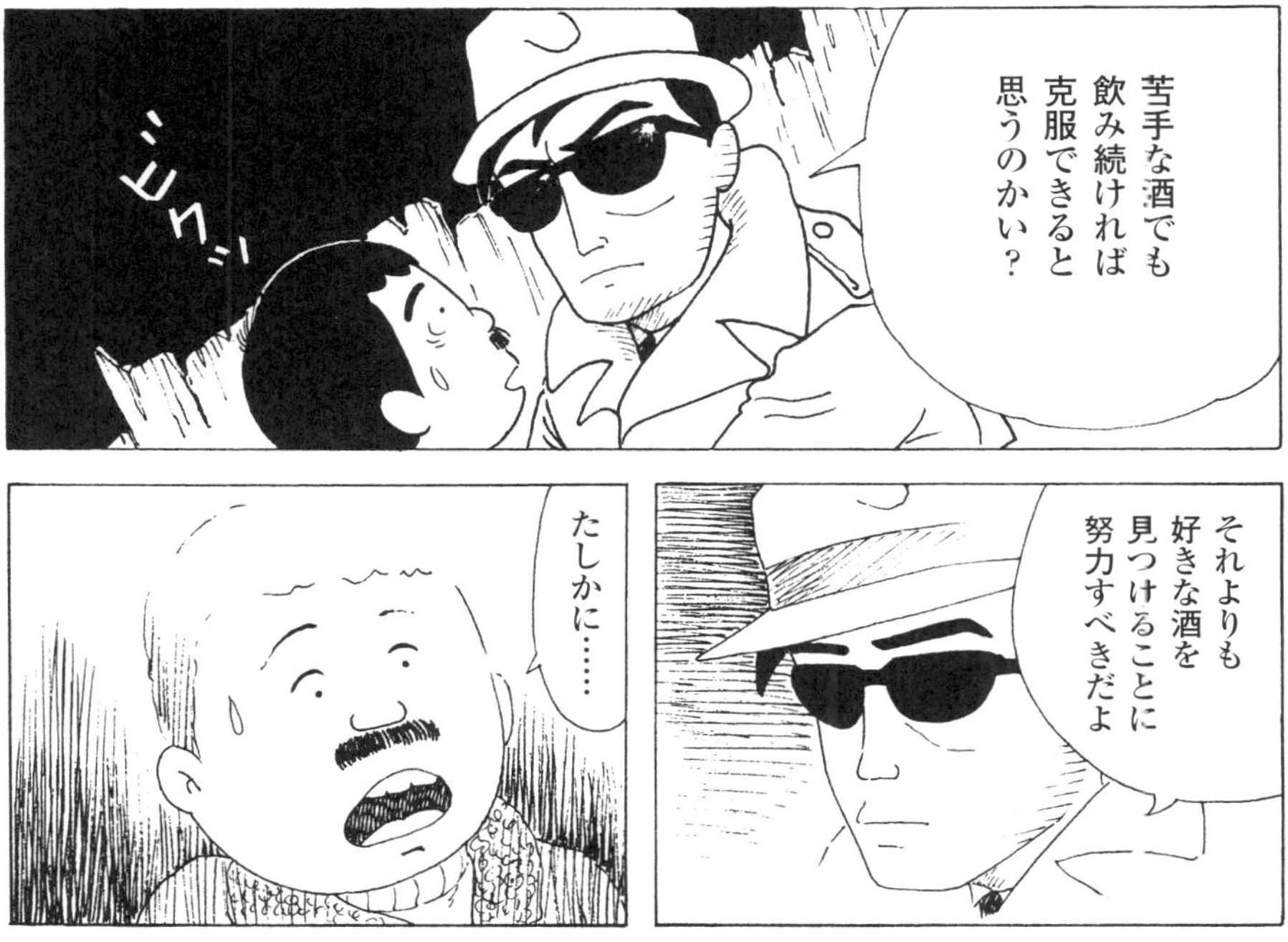
苦手な酒でも飲み続ければ克服できると思うのかい？
それよりも好きな酒を見つけることに努力すべきだよ
たしかに……

酒に限らず、何事も努力が水の泡とならないよう、努力の方向を確認すべきである。

「私怨は公門に入らず」個人的な感情を仕事に持ち込まない

晋《しん》の解狐《かいこ》は、自分が憎んでいる男を推薦して大臣にした。相手の男はてっきり自分を許してくれたのだと思い、解狐を訪ねて礼を述べた。すると解狐は弓を引いて送り出すと、矢を放ってこう言った。

「お前を推薦したのは公《おおやけ》のこと、お前が適任であったからだ。お前を憎んでいるのは、私の個人的な恨みごとだ。私ごとの恨みがあるからといって、お前をわが君に隠すようなことはしない。だから、私的な恨みは公の門には入れないのだ」

読み下し文

解狐、其の讎《あだ》を簡主に薦《すす》めて、以て相と為《な》す。其の讎以為《おも》えらく且《こ》（是）れ幸いに己れを釈《ゆる》すなりと。乃《すなわ》ち因りて往きて拝謝す。狐乃ち弓を引きて送りてこれを射《い》る。曰わく、夫《か》の汝を薦めしは公なり、汝の能くこれに当たるを以てなり。夫の汝を讎とするは吾が私怨《しえん》なり。汝を私怨するの故を以て、汝を吾が君に擁《ふさ》（壅）がず。故に私怨は公門に入らずと。

（外儲説左下）

個人的な感情はぐっと抑えて

「私怨は公門に入らず」——私的な恨みがあっても、それを公には持ち込まない。

個人的な感情を仕事に持ち込んではならないということである。人間は感情を持っている。だから、「つい感情が表に出て……」ということもあるだろう。だが、好き嫌いなど個人の感情を仕事に持ち込むと、公平で公正な判断や行動ができなくなり、業務にも支障をきたすことになるだろう。

個人的な感情をぐっと抑えて仕事に取り組む。それができてこそ立派な社会人といえるのではないだろうか。

松ちゃんはすぐに個人的な感情を仕事に持ち込むけど、ぐっと抑えなきゃダメだよ
そう言われてもさあ～

人事に個人的な感情を持ち込んではならない

おまえ 山田を昇進させるのに反対しているらしいな
いったいなぜなんだ?
オレ… 昔からあいつのことがどうも気に入らなくてな
どうやらあいつとは相性が合わないようだ
もちろんあいつが優秀だってことはオレにだってわかっているんだが……
おいおい個人的な感情で反対なんてするなよ

人事をはじめ業務には個人的な感情を持ち込んではならない。

「守株」――昔のやり方に固執しない

宋《そう》の国に畑を耕している男がいた。畑の中には切り株があった。たまたま兎《うさぎ》が走ってきて、その切り株に当たり、首を折って死んだ。

労せず兎を手に入れた彼は、それから畑を耕すのをやめ、ひたすら切り株を見守って、また兎が手に入ることを願った。しかし、二度と兎を得ることはできず、彼は国中の笑い者になったという。

今の時代に、遠い昔の王の政治のしかたで民を治めようとするのは、すべて、この切り株を見守っている者と同類なのである。

読み下し文

宋人に田《でん》を耕す者有り。田中に株有り、兎走りて株に触《ふ》れ、頸《くび》を折りて死す。因りて其の耒《すき》を釈《す》てて株を守り、復《ま》た兎を得んことを冀《ねが》う。兎復たは得《う》べからずして、身は宋国の笑いと為る。今、先王の政を以て当世の民を治めんと欲するは、皆な株を守るの類なり。（五蠹）

時代に合ったやり方が求められる

「守株《しゅしゅ》」（いたずらに古い習慣を守って、時に応じた物事の処理ができないこと）という成語の出典となった一節である。仕事においても、いつまでも昔のやり方に固執するのはよくない。昔はうまくいったからといって、それが今に通用するとは限らない。**その時代に合ったやり方が求められる**のだ。

たとえば、販売促進の手段として、昔は新聞の折り込み広告に大きな反響があったとしよう。それが、10年、20年経った現在でも同じような効果が見込めるだろうか。20年前と現在とでは技術も状況も違っている。同じような効果は期待できないだろう。もしかするとインターネットなどを利用したほうが効果的かもしれない。それでも、古いやり方に固執するのであれば、それは切り株を見守っているのと同じであると言わざるを得ない。販売促進に限らず、ビジネスを取り巻く環境は刻々と変化している。いつまでも切り株を見守っていることがないよう注意したい。

昔のやり方がいつまでも通用するとは限らない

新しい技術やサービス、世の中の動向など、変化をキャッチするアンテナを張っておきたい。

元手が多ければ何事もやりやすい

ことわざで次のものがある。

「袖が長いと、踊りが上手。銭が多いと、商売繁盛」

これは、元手が多ければ何事もやりやすいことを言ったものである。だから、よく治められている強い国では、謀《はかりごと》もうまく運べるが、政治が乱れた弱い国では、成功は難しい。

読み下し文

鄙諺《ひげん》に曰わく、長袖《ちょうしゅう》は善く舞い、多銭は善く買《か》うと。此れ多資の工（功）を為《な》し易《やす》きを言うなり。故に治強は謀《ぼう》を為し易く、弱乱は計を為し難《がた》し。

（五蠹）

社内体制の強化・充実を優先させる

「袖が長いほど踊りを踊ったときにうまく見えて、商売をするにも元手が多いほど大きく儲けることができる」ということわざを取り上げているが、これは「外交よりも内政の充実を優先させるべき」ということを説いたものの一部である。

外交よりも内政の充実を優先、これをビジネスに当てはめてみると、**社内体制の強化・充実を優先させるべき**となるだろうか。社内の経営資源などが豊富なほうが経営もうまくいきやすいものだ。状況にもよるが、社外よりも、まずは社内に目を向けるべきであろう。

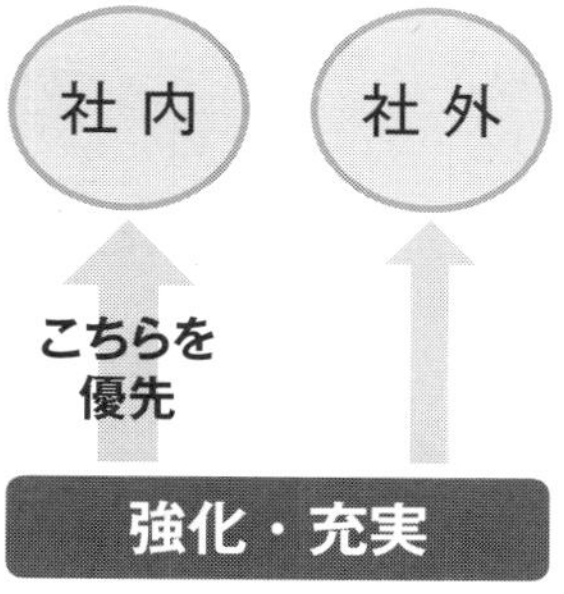
社外
社内
こちらを優先
強化・充実

外にばかり目を向けるのではなく、まずは内に目を向けるべきだ

社内をおろそかにすると……

私の勤めていた会社このあいだ倒産しちゃったの……
人材も資金も十分じゃなかったのに外ばかりに目を向けて無理に事業を拡大させせちゃったせいで……

事業の拡大には、豊富な経営資源が不可欠。無謀な多角化、無理な事業拡大は会社の命とりになる。

他人を頼りにせず自分自身を頼りにする

公儀休《こうぎきゅう》は魯《ろ》の宰相で魚が大好きであった。そこで国中の者が先を争って魚を買って贈り物とした。しかし、公儀休は受け取らなかった。そこで、弟子がいさめて言った。

「魚がお好きなのに、なぜ受け取らないのですか」

すると彼はこう答えた。

「そもそも魚が好きだからこそ、受け取らないのだ。もし魚を受け取れば、必ずその人にへりくだる態度をとるだろう。へりくだる態度をとっていれば、その人のために法を曲げることにもなるだろう。法を曲げたとなると、宰相は免職になる。そうなれば、私に魚を贈る人はいなくなるだろうし、私も自分で魚を買うことができなくなるだろう。このように贈り物の魚を受け取らず、宰相を免職にな

読み下し文

公儀休は魯に相として魚を嗜《この》む。一国尽《ことごと》く争いて魚を買いてこれを献ず。公儀休は受けず。其の弟子諫めて曰わく、夫子《ふうし》魚を嗜む。而《しか》るに受けざるは何ぞやと。対《こた》えて曰わく、夫《そ》れ唯《た》だ魚を嗜む、故に受けざるなり。夫れ即《も》し魚を受くれば、必ず人に下《くだ》るの色有らん。人に下るの色有れば、将《まさ》に法を枉《ま》げんとす。法を枉ぐれば則ち相を免《めん》ぜられん。魚を嗜むと雖《いえど》も、此れ必ず我れに魚を致すこと能《あた》わず、我れ又自ら給すること能わざらん。

らなければ、私はいつまでも自分で好きな魚を買えるではないか」

この話は、「他人を頼りにするよりは自分自身に頼ったほうがよい」ということを明らかにしている。また「他人が自分のためにしてくれるのを当てにするよりは、自分で自分のためにするほうがよい」ということを明らかにしている。

即し魚を受くる無くして相を免ぜられずんば、魚を嗜むと雖も、我れ能く長く自ら魚を給せん。此れ、夫《か》の人を恃《たの》むは自ら恃むに如《し》かざるを明らかにするなり。人の己れの為めにするは、己れの自ら為めにするに如かざることを明らかにするなり。

（外儲説右下）

自分の仕事は自分自身でするもの

他人から魚をもらうのではなく、自分自身で魚を買う。そうすることが、自分の地位の安泰につながり、自分のためになるというものである。

他人を頼りにするのではなく、自分自身を頼りにする。仕事においてもそういった姿勢が求められるだろう。基本的に自分の仕事は自分自身でするものである。他人をあてにすべきではないのだ。

他人から恩を受けると

おい
取引先の担当者から会食に招かれたって本当か？
やめておけよ
まだ契約結んでいないんだろ？
恩を感じてしまうと商談に悪影響だぞ
そうだよな……

取引先からの厚意には注意が必要だ。

かすかな兆候から行く末を見抜く深い洞察力

殷《いん》の紂王《ちゅうおう》が象牙《ぞうげ》の箸《はし》をつくったので、賢臣の箕子《きし》は恐れた。彼はこう思ったのだ。

「象牙の箸となれば、汁ものの器を粗末な土器にしなくなるだろう。必ず犀《さい》の角や玉《ぎょく》で作った器を使うに違いない。玉の器と象牙の箸となれば、豆や豆の葉といった質素な料理ですまなくなるだろう。必ず旄牛《からうし》（ヤク）や象の肉、豹《ひょう》の胎児といった珍味にならざるを得ない。こうした珍味を食べるとなれば、粗末な仕事着を着て、茅《かや》ぶきの家に住むわけにはいかなくなる。必ず錦《にしき》の着物を幾重にも重ねて、立派な御殿に住みたがるに違いない。こうして次から次とつり合いを求めていけば、天下の富を集めても、まだ不足することになる」

読み下し文

紂、象箸《ぞうちょ》を為《つく》りて、箕子怖る。以為《おもえ》らく、象箸には必ず羹《あつもの》を土簋《どき》に盛らず、則ち必ず犀玉《さいぎょく》の杯《はい》ならん。玉杯象箸には必ず菽藿《しゅくかく》を盛らず、則ち必ず旄象豹《ぼうぞうひょう》胎《たい》ならん。旄象豹胎には必ず裋褐《じゅかつ》を衣《き》て茅茨《ぼうじ》の下に舎《お》らず、則ち必ず錦衣九重にして高台広室ならん。此れに称《かな》いて以て求むれば、則ち天下も足らざらんと。聖人は微を見て以て萌《ほう》を知り、端《たん》を見て以て末《まつ》を知る。故に象箸を見て怖れたるは、天下の足らざるを知ればなり。

（説林上）

聖人（優れた人物）は、かすかな兆候を見ただけで物事の動きを察知し、わずかな手がかりを得ただけで行く末の結果を知るものだ。箕子が象牙の箸を見て恐れたのも同じで、やがて天下の富を集めても不足するという結果を見抜いたからである。

ビジネス社会を生き抜くためには？

かすかな兆候、わずかな手がかりが「象牙の箸」であり、結果が「天下の富を集めても不足する」である。些細なことから行く末を見抜いたわけである。

これを一言でいえば、「**深い洞察力**」となるだろう。物事の本質や奥底にあるものを見抜く、見通す力である。この洞察力、ビジネス社会を生き抜いていくためにも必要な力といえよう。なぜなら、現代社会は先行き不透明である。時代を見抜き、見通すことが求められるからだ。

洞察力がビジネスを読み解く

この会社は業績が伸びているのに株価が低めだな
これでは外資系の企業などに狙われるかもしれないぞ
さすがメガネさん　鋭いね
証券会社に勤めているお客さんも同じことを言ってたよ

ちょっとした手がかりから先行きを見通す。

とっさに機転を利かせ危機を脱する

伍子胥《ごししょ》が楚《そ》から亡命しようとしたとき、国境の見張り役につかまってしまった。すると、伍子胥はとっさにこう言った。

「政府がわしを追っているのは、わしが美しい珠《たま》を持っていたからだ。だが、今はそれをなくして持っていない。もし、わしをつかまえたら、おまえが奪って、飲みこんでしまったと言ってやるぞ」

それを聞いた見張り役は、恐れをなして伍子胥を釈放した。

読み下し文

子胥、出《い》でて走る。辺候《へんこう》これを得たり。子胥曰わく、上《かみ》の我れを索《もと》むる者は、我れに美珠有るを以てなり。今我れ已《すで》にこれを亡《うしな》う。我れ且《まさ》に子《し》取りてこれを呑《の》むと曰わんとすと。候、因りてこれを釈《ゆる》す。

（説林上）

突然の危機に遭遇したときは？

「嘘も方便」というが、とっさに嘘をついて、危機を脱することができたという話である。

ここでは、嘘をつくことではなく、とっさに機転を利かせた点に注目したい。ビジネスにおいても、突然の危機に遭遇することがあるだろう。そんなときは、とっさに機転を利かせてうまく脱したいものだ。そのためには、**すばやく状況を見きわめ、瞬時に判断する力が必要**である。日ごろからそういった力を養っておくとよいだろう。いざというときに役に立つはずだ。

突然の危機（予期せぬトラブルなど）に遭遇

↓

機転を利かせる
（その場をうまく繕うなど）

↓

危機から脱する

私も酔っ払ったお客さんのトラブルなどで、とっさの判断が求められることもありますよ

「嘘も方便」とはいうものの……

得意先に不良品を納めてしまって
クレームの電話がかかってきたんです……
それは大変だね……
それでどう対応したの？
電話番号が違ってますと言って切っちゃいました
ドドド
何の解決にもなっていないだろ！

自分をさらに窮地へと追い込むような嘘はつくべきではないのは言うまでもない。

知ったかぶりをせず知らないことは学ぶこと

斉《せい》の管仲《かんちゅう》と隰朋《しっぽう》が、桓公《かんこう》に従って孤竹《こちく》の国を討伐したときのことである。春に出発し、冬に帰ってきたので、道がわからず迷ってしまった。

すると管仲が、

「老馬の知恵が役にたちます」

と言ったため、老馬を放してやってその後からついて行くと、その通りに道を見つけることができた。

また、山の中を進んでいて水がなくなってしまった。すると隰朋がこう言った。

「蟻は冬には山の南におり、夏には山の北にいます。高さ一寸の蟻塚ならその下一仞《じん》※のところに水があるはずです」

読み下し文

管仲・隰朋、桓公に従って孤竹を伐つ。春に往きて冬に反《かえ》り、迷惑して道を失う。管仲曰わく、老馬の智、用うべきなりと。乃ち老馬を放ちてこれに随《したが》い、遂《つい》に道を得たり。山中を行きて水無し。隰朋曰わく、蟻は冬に山の陽《みなみ》に居り、夏に山の陰《きた》に居る。蟻壌《ぎじょう》一寸にして、仞に水有りと。乃ち地を掘りて遂に水を得たり。管仲の聖と隰朋の智とを以てするも、其の知らざる所に至りては、老馬と蟻とを師とするを難《はばか》らず。今、そこで地面を掘ってみると、言う通りに水を得ることができた。

管仲の聡明と隰朋の知恵があっても、知らないことにであうと、老馬や蟻を先生として学ぼうとした。ところが今の人々は、愚かなくせに聖人の知恵を先生とすることを知らないでいる。なんと間違ったことではないか。

※高さや深さの単位（七尺）

人、其の愚心を以てして聖人の智を師とするを知らず。亦《ま》た過《あやま》たずや。

（説林上）

さまざまなものから学ぶ

智者《ちしゃ》は知らないことがあれば老馬や蟻でさえ先生として学ぼうとする。それに対して無知な者は聖人の知恵から学ぶことを知らないでいる、というものである。

あらためて言うまでもないが、学ぶことはとても大切なことである。**知らないことは知らないとして、さまざまなものから学ぶ**。その姿勢を持ち続けたい。

学ぶ姿勢を大切に

ワインをもっと知りたいな
マスター教えてくれる？
もちろん！

酒に限らず、学ぶ姿勢は持ち続けたいものだ。

コラム

『韓非子』の説話 その1

矛盾

松ちゃん「矛盾」って言葉は知ってるよね『韓非子』が出典なんだよ
何も突き通すことができない盾と何でも突き通すことのできる矛
この二つは同時に存在することができないんだ
それで矛と盾と書いて矛盾ってわけか
つじつまが合わないってことをうまくたとえているね
オレも原稿を書くときには気をつけようっと
矛盾がないようにね

楚の国で盾と矛とを売る男がいた。まずその盾を自慢した。「この盾の堅いこと、どんなものでも突き通すことはできないぞ」。次に男は矛を自慢した。「この矛の鋭いこと、どんなものでも突き通してしまうぞ」。

ある人がたずねた。「その矛でその盾を突いたらどうなる」。男は答えることができなかった。そもそも、どんなものでも突き通すことができない盾と、どんなものでも突き通すことのできる矛とが、同時に存在することはできない。

読み下し文

楚人《そひと》に楯《たて》と矛《ほこ》とを鬻《ひさ》ぐ者有り。これを誉めて曰わく、吾が楯の堅きこと、能《よ》く陥《とお》す莫きなりと。又其の矛を誉めて曰わく、吾が矛の利《するど》きこと、物に於《お》いて陥さざる無きなりと。或るひと曰わく、子の矛を以て、子の楯を陥さば、何如《いかん》と。其の人、応《こた》うる能《あた》わざるなり。夫れ陥すべからざるの楯と、陥さざる無きの矛とは、世を同じくして立つべからず。（難一）

第2章 対人関係の難しさ

この章は、発言や忠告の難しさ、またその心得、他人との関係などが中心テーマになっているよ

発言や忠告は置かれた立場や状況を十分に考慮したうえで

昔、鄭《てい》の武公《ぶこう》が胡《こ》を討伐しようとしたときのことである。まず、自分の娘を胡の王に嫁がせて、その機嫌をとり結んだ。そして、臣下にこうたずねた。

「これから、どこかの国を攻めようと思うのだが、どこの国がよいだろうか」

関其思《かんきし》という重臣が答えた。

「胡がよろしいかと存じます」

すると武公は、

「胡は兄弟の国だ。それを攻めろとは何事だ」

とかんかんに怒って、関其思を死刑にした。それを伝え聞いた胡の王は、すっかり安心して鄭に対する備えを解

読み下し文

昔者《むかし》、鄭の武公、胡を伐たんと欲す。故に先ず其の女《むすめ》を以て胡の君に妻《めあ》わし、以て其の意を娯《たのし》ましむ。因《よ》りて群臣に問う、吾れ兵を用いんと欲す、誰か伐つべき者ぞと。大夫関其思対《こた》えて曰わく、胡、伐つべしと。武公怒りてこれを戮《りく》して曰わく、胡は兄弟《けいてい》の国なり、子《し》これを伐てと言うは何ぞやと。胡の君これを聞き、鄭を以て己れに親しむと為《な》し、遂《つい》に鄭に備えず。鄭人《ていひと》、胡を襲いてこれを取る。

（説難）

いてしまった。そこで、鄭は難なく胡を攻めとったのである。

進言の難しさ

進言することの難しさをいったものである。『韓非子』の時代は、進言するのも命懸けであり、君主に意見を述べることがいかに大変であったかが想像できる。

なお、この話は『韓非子』の「説難篇」の中にある。「説」とは自分の意見を人に説きすすめること。「説難篇」は君主に自分の意見を説きすすめることの難しさやその心得を述べた一編である。

このたとえ話には、次のような続きがある。

上司への進言は慎重に

たとえ自分の考えが正しくても上司への進言は慎重にしろよ
間違ったことを言ったわけじゃないのに左遷されたヤツをオレは知ってるぞ
君主へ意見しただけで殺されるような時代もあったんだ
進言が難しいのは今も昔も変わらないぜ
ハ ハイ…

上司への進言は今も昔も難しいものである。

宋《そう》の国に金持ちがいた。ある日、雨で塀が壊れ、その家の息子がこう言った。

「塀を修理しないと、泥棒に入られるよ」

また隣の家の主人も同じことを言ってきた。

その晩、はたして泥棒に入られて、金持ちは大金を盗まれてしまった。金持ちは、自分の息子の賢さに感心した。そして息子と同じことを言った隣の家の主人が犯人ではないかと疑った。

さきの関其思《かんきし》といい、隣の家の主人といい、言ったことは当たっていた。それなのに、ひどいときは殺され、軽い場合でも疑われた。要するに物事を知ることは難しくないのだ。知ったあとにどう対処するかが難しいのである。

晋《しん》の計略を見破った秦《しん》の繞朝《じょうちょう》が、晋では隠し事を見抜く聖人とされながら、自国の秦で処刑されたというのも、

読み下し文

宋に富人《ふじん》有り。天雨ふりて墻壊《かきこわ》る。其の子曰わく、築かざれば必《かなら》ず将盗有らんと。其の隣人の父《ふ》も亦《ま》た云《い》う。暮れて果たして大いに其の財を亡《うしな》う。其の家甚《はなは》だ其の子を智として、隣人の父を疑う。此の二人の説は皆な当たれるに、厚き者は戮《りく》と為り、薄き者は疑わる。則ち知の難《かた》きに非ざるなり、知に処《しょ》すること則ち難きなり。故に繞朝の言は当たれるも、其の晋《しん》に聖人とせられて秦に戮せらるや、此れ察せざるべからず。

（説難）

同じ例である。
進言にあたっては、こういうことも忘れてはならない。

立場や状況で受けとめ方が異なる

「塀を修理しないと泥棒が入る」——息子と隣家の主人は同じことを言ったが、息子は賢いと思われ、隣家の主人は泥棒ではないかと疑われた。ここに発言や忠告の難しさを見ることができる。

つまり、**同じ発言や忠告をしても、立場や状況によって相手の受けとめ方は異なる**ということである。発言や忠告は、自分の置かれた立場や状況を十分に考慮したうえで行わなければならない。そうしなければ、いくら正しいことを言っても聞き入れてもらえないかもしれないし、さらには自分の身を危うくすることになるかもしれないからだ。

同じ発言をしても……
マスターの場合
そのお酒にはおもしろい話があるんです じつは…
まあ すてき!
さすがマスターお酒に詳しいですね
松ちゃんの場合
キミがさっき飲んでいたお酒だけど
こんな話があるんだよ あのね……
…それってホントですか?
松ちゃんの話じゃちょっと……

同じ話をしても、話す人物によって相手の受けとめ方が異なることもある。

相手の心理状態に合わせて発言・忠告する
逆鱗に触れてはならない

昔、弥子瑕《びしか》という少年が衛《えい》の霊公《れいこう》の寵愛《ちょうあい》を受けていた。

衛の国の法律では、許可なくかってに君主の車に乗った者は足切りの刑に処されることになっていた。ところが、弥子瑕の母が病気になり、その知らせを夜中に聞いた弥子瑕は、君命だと偽って君主の車に乗って出かけた。あとでそれを聞いた霊公は、罪を問うどころかほめるのであった。

「親孝行なやつだ。母を思うあまり、足切りの刑に処されることさえ忘れるとは」

また、ある日のこと。弥子瑕は霊公のお供をして果樹園で遊んだことがある。弥子瑕が桃を食べたところ、あまりにおいしいので、食べかけを半分残して霊公にすすめた。すると、霊公は言った。

読み下し文

昔者《むかし》、弥子瑕、衛の君に寵有り。衛国の法、窃《ひそ》かに君の車に駕《が》する者は罪刖《げつ》なり。弥子瑕の母病む。人間《ひそ》かに往《ゆ》きて夜弥子に告ぐ。弥子矯《いつわ》りて君の車に駕して以て出《い》づ。君聞きてこれを賢として曰わく、孝なるかな。母の故《こと》の為めに其の刖罪《げつざい》を忘ると。異日《いじつ》、君と果園《かえん》に遊ぶ。桃を食《くら》いて甘《うま》しとして尽《つ》くさず、其の半《なか》ばを以て君に啗《くら》わしむ。君曰わく、我れを愛するかな。其の口味《こうみ》を忘れて以て寡人《かじん》に啗わしむと。弥

「これほどまでにわしを思ってくれるのか。食べたいのを我慢して、わしに食べさせてくれるとは」

その後、弥子瑕の容貌は衰え、寵愛も薄れていった。すると、霊公は昔のことをとりあげて咎《とが》めた。

「こやつは君命だと偽ってわしの車に乗ったことがある。またいつぞやは、わしに食いかけの桃を食わせおった」

弥子瑕の行為ははじめから変わっていない。それが、前にはほめられ、後になって咎めを受けたというのは、なぜか。それは霊公の気持ちが愛情から憎悪に変わったからである。

つまり、相手から愛されているときは、何を言っても気に入られ、ますます近づけられる。逆に憎まれているときは、何を言っても受け付けられず、咎めを受けることになって、いよいよ遠ざけられる。だから、君主に意見を述べたり諫めたりするときは、相手にどう思われているかを知ったうえで行わなければならないのである。

子の色衰《おとろ》え愛弛《ゆる》むに及び、罪を君に得たり。君曰わく、是《こ》れ固《もと》嘗《かつ》て矯りて吾が車に駕し、又嘗て我れに啗わしむるに余桃《よとう》を以てせりと。故に弥子の行は未だ初めに変わらざるに、而《しか》も前の賢とせらるる所以《ゆえん》を以て後に罪を獲《え》たる者は、愛憎の変《へん》あればなり。故に主に愛有れば、則ち智当《あ》たりて親《しん》を加え、主に憎有れば、則ち智は当たらず、罪せられて疏《そ》を加う。故に諫説《かんぜい》談論の士は、愛憎の主を察《さっ》して而る後に説かざるべからず。

（説難）

相手の心理状態に合わせる

この話も君主に対する進言の難しさ、その心構えを説いたものであるが、前項につづいて発言や忠告の心得としてとらえることができるだろう。つまり、相手にどう思われているかを読み、**相手の心理状態に合わせて発言や忠告をしなければならない**ということである。なぜなら同じことを言っても、相手の心の状態、こちらに好意を持っているかどうかなどによって受けとめ方が異なるからだ。

たとえば、上司に進言する場合も、部下に忠告する場合も、彼らが自分のことをどう思っているかに気をつけたい。自分に対して好意的であればよいが、そうでなければ慎重になるべきであろう。よく思われていないのに下手に進言や忠告をしてしまうと、受け入れられないばかりかさらに嫌われることにもなる。そうなれば関係も悪化していくだろう。くれぐれも注意したいものだ。

そして、この話の続きが、よく知られた言葉の出典となった一節である。

相手の心理状態を考える

せっかく励ましても、相手の状況や心理状態によっては逆効果になることもある。

竜という動物は、馴《な》らせば、人が乗れるほどおとなしい。ところが、のどの下のあたりに直径一尺ほどの逆さの鱗《うろこ》があって、これに触れようものなら、必ず人を殺してしまう。

君主にも、この「逆鱗《げきりん》」がある。それに触らぬように話すのが、説得の極意である。

読み下し文

夫《そ》れ竜《りょう》の虫《ちゅう》為《た》るや、柔狎《じゅうこう》して騎《の》るべきなり。然《しか》れども其の喉下《こうか》に逆鱗径尺《げきりんけいしゃく》なるもの有り。若《も》し人これに嬰《ふ》るる者有らば、則ち必ず人を殺す。人主も亦た逆鱗有り。説く者能《よ》く人主の逆鱗に嬰るること無くんば、則ち幾《ちか》し。（説難）

「逆鱗」

「**逆鱗に触れる**」――目上の人を激しく怒らせることをいうが、この言葉の出典となった有名な一節である。

コミュニケーションにおいては、相手の気持ちに逆らわず、嫌なところには触れないということも必要である。もちろん「**逆鱗に触れてはならない**」ことは言うまでもない。

軽々しく約束をしないこと そして約束は必ず守ること

曾子《そうし》の妻が市場に出かけようとしたときのことである。子どもがあとを追って一緒に行きたいと泣いたので、彼女はこう言った。

「お戻りなさい。帰ってきたら、豚を殺してごちそうしてあげるから」

市場へ行って帰ってきたところ、曾子が豚をつかまえて殺そうとしている。それを見て彼女は、

「あれは子ども相手のほんの冗談ですよ」

と言うと、曾子はこう反論した。

「子どものほうは冗談だと思っていない。子どもは何もわからず、両親から教えられて一つずつ学んでいくものだ。

読み下し文

曾子の妻、市に之《ゆ》く。其の子これに随《したが》いて泣く。其の母曰わく、女還《なんじかえ》れ。顧反《こはん》せば女の為めに彘《てい》を殺さんと。市に適《ゆ》きて来たるに、曾子は彘を捕えてこれを殺さんと欲す。妻これを止めて曰わく、特《た》だ嬰児《えいじ》と戯《たわむ》れしのみと。曾子曰わく、嬰児は与《とも》に戯るものに非ざるなり。嬰児は知有るに非ず、父母を待ちて学ぶ者にして、父母の教えを聴く。今、子《し》これを欺くは、是れ子《こ》に欺くを教うるなり。母子《こ》を欺き、子にして其の母を

今、お前が嘘をつけば、嘘をつくことを教えたことになる。母が子どもに嘘をつき、子どもが母の言うことを信じないとなれば、とても教育などできるものではない」
そのまま豚を料理した。

できない約束はしないこと

子どもとの約束を守る。その約束は冗談で言ったつもりであっても、子どもはそれを冗談だと思っていない。約束を破れば、子どもに嘘をつくことになり、嘘を教えることになるというわけである。

約束は必ず守る。ごく基本的なことだが、とても大事なことである。約束を破れば、信用は失墜し、人間関係も壊れることになるだろう。できない約束はしないことだ。そのためにも、約束ごとを軽々しく口にしないように注意したい。

信ぜざるは、教えを成す所以《ゆえん》に非ざるなりと。遂に彘を烹《に》る。
（外儲説左上）

約束を守ること

メガネさんが人間関係で一番大切にしていることは？
…約束を守る…ことかな

「約束を守る」――人間関係でもっとも大切なことかもしれない。

大局的な視点から真の利害関係が見えてくる

豚にたかった三匹のシラミが何か言い争っていた。

そこへ一匹のシラミが通りかかって、たずねた。

「何を言い争っているんだね」

「肥えた場所の取り合いさ」

と三匹が答えた。

すると、その一匹のシラミはこう言った。

「いいか君たち。臘祭《ろうさい》（十二月の祭り）になったら、この豚は茅《ちがや》の火にあぶられて、丸焼きにされるんだ。そっちを心配しないで何を争っているんだ」

そこで、四匹は力を合わせて豚の血を吸った。そのため豚はやせおとろえて、臘祭になっても殺されなかった。

読み下し文

三蝨《しつ》相い与《とも》に訟《あらそ》う。一蝨これを過《よぎ》りて曰わく、訟う者は奚《なに》をか説くと。三蝨曰わく、肥饒《ひじょう》の地を争うと。一蝨曰わく、若《なんじ》亦《ま》た臘《ろう》の至りて茅の燥《や》かるるを患《うれ》えず。若又奚をか患うると。是《ここ》に於《お》いて乃ち相い与に聚《あつ》まりて、其の母《ぼ》を嘬《か》みてこれを食らう。彘臞《ぶたや》せて、人乃《すなわ》ち殺さず。

（説林下）

大局的な視点から見ると？

シラミたちは、自分の目先の利益にとらわれ、争っていた。しかし、もっと大事な共通の利害があることに気づき、対立を超えて一致協力するようになったのである。

大局的な視点から見れば、本当の利害関係が見えてくるということである。利害が対立することがあれば、その関係を大きな視点から見るとよいのだろう。そうすれば、小さな利害は対立しても、大きな利害は一致することもあるはずだ。

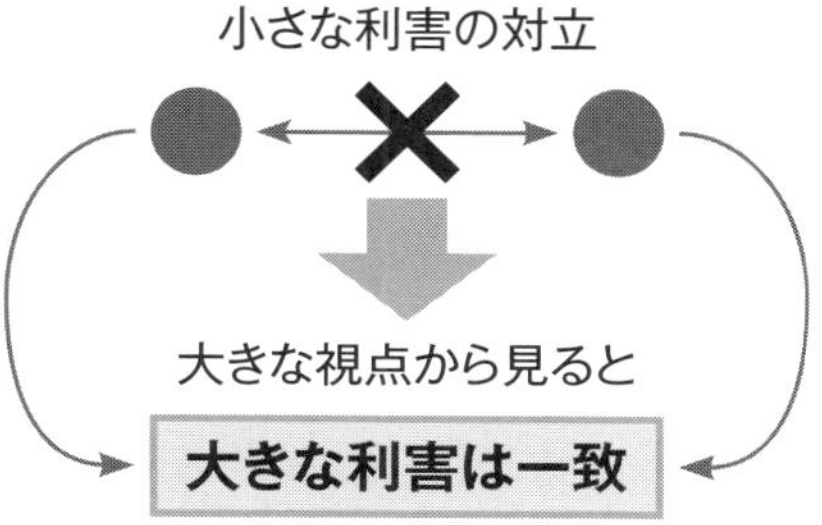

小さな利害の対立
大きな視点から見ると
大きな利害は一致

大きな視点で見るとつまらないことで争っていることに気づくものです

目先の小さな利害にとらわれてはならない

社内の派閥なんかにこだわっている場合ですか！会社の危機なんですよね!?
会社がなくなってしまったら派閥なんて何の意味もないんですよ！派閥を超えて一致協力すべきです

ガーン!!

派閥争いは小さな利害の対立。会社存続という大きな利害は一致するはず。

信用のほうが大事だから信用を惜しむ

斉《せい》が魯《ろ》を破ったときのこと、見返りとして、魯の宝である讒《ざん》という鼎《かなえ》（三本足の青銅器）を要求した。魯ではその偽物を作って持っていかせた。

　すると、斉の人が、

「偽物ではないか」

と言ってきたので、魯の人は、

「いや本物です」

と言い張った。

　そこで、斉から、

「それでは貴国の楽正子春《がくせいししゅん》を連れてきてもらいたい。彼の言うことであれば信用できる」

と言ってきたため、魯の君主は、楽正子春にうまくごまか

読み下し文

斉、魯を伐ちて、讒鼎《ざんてい》を索《もと》む。魯は其の鴈《がん》（贋）を以て往く。斉人《せいひと》曰わく、鴈なりと。魯人曰わく、真なりと。斉曰わく、楽正子春をして来たらしめよ。吾れ将《まさ》に子《し》に聴《き》かんとすと。魯君、楽正子春に請《こ》う。楽正子春曰わく、胡《な》んぞ其の真を以て往かざるやと。君曰わく、我れこれを愛《お》しむと。答えて曰わく、臣も亦た臣の信を愛しむと。

（説林下）

してくれるよう頼み込んだ。

「どうして本物を持って行かせなかったのですか」

と楽正子春はたずねた。魯の君主が、

「本物は惜しいからさ」

と言うと、楽正子春は答えた。

「私も、また私の信用を惜しみます（嘘はつけません）」

失った信用は戻ってこない

本物であるとごまかし、嘘をつけば、楽正子春は信用を失うことになる。信用をなくしたくはないので、嘘はつけないということである。

信用は、長い年月をかけて培《つちか》うものであり、かけがえのないものである。目先の利益に目がくらみ、信用を失墜させることがあってはならない。**失った信用は、もう戻ってはこない**からだ。

信用が生活の糧

オレみたいなフリーのライターはな
信用がすべてといえる商売だ
信用を失って仕事をもらえなくなったら
明日からの生活さえままならないからな

信用が死活問題になる場合もある。

事実に勝るものはない

児説《げいえつ》は宋《そう》の人で、雄弁家であった。「白馬は馬ではない」という論理を主張して、斉《せい》の稷下《しょくか》に集まった学者たちを屈服させていた。

しかし、その彼が白馬に乗って関所を通った際、馬の通行税を払わされた。すなわち、口先の論理にまかせれば、斉の一国にも勝てるが、事実を考え具体的な形を見きわめられると、ただの一人もだますことはできないものだ。

読み下し文

児説は宋人、善く弁ずる者なり。白馬は馬に非ずを持《じ》し、斉の稷下の弁者を服す。白馬に乗りて関を過ぐれば、則ち白馬の賦《ふ》を顧《むく》(酬)ゆ。故にこれを虚辞に籍《か》(借)れば、則ち能く一国に勝つも、実を考え形を按《あん》ずれば、一人をも謾《あざむ》くこと能《あた》わず。

(外儲説左上)

いくら理屈をこねても、事実には勝てない

「白馬は馬ではない」という論理を展開し、学者たちを屈服させることができても、実際は馬の通行税を支払っている。いかに論理を展開し、言葉を飾りたてたとしても、「白馬は馬である」という事実には勝てないということである。

職場などに、なんだかんだと理屈をこねたりする人物はいないだろうか。そんな人物には、事実を突きつけることが一番なのかもしれない。なんといっても事実は事実であり、覆《くつがえ》しようがないからだ。**どんなに理屈をこねても、事実にはかなわない**のである。

松ちゃん いろいろ言い訳しても原稿が書き上がっていないのは事実じゃないの

事実を認めるほうが利口

仕事がうまくいかなかったときにあれこれ理屈をこねて言い訳をするヤツもいるが
結局うまくいかなかった失敗したんだという事実に違いはないんだ それならきちんと事実を認め反省して同じ失敗をくりかえさないように気をつけるほうが利口だろう
うん それはたしかにそうだよね
理由は何であれうまくいかなかったという事実は変えられないもんね

理屈をこねて言い訳してみても事実は覆らない。素直に事実を認めるべきである。

大勢に合わせたほうがよい場合もある

殷《いん》の紂王《ちゅうおう》は、くる日もくる日も徹夜で酒宴を続け、あまりに遊びすぎて日がわからなくなってしまった。お側の者にたずねたが、だれひとりとしてわからない。そこで、賢臣の箕子《きし》のもとに使いを出して、たずねさせた。

箕子は身内の者にこう言った。

「天下の主となりながら日を忘れるようでは、天下は危ういことだ。国中のだれもが知らないことを、わしひとりだけが知っているのでは、この身が危ない」

そして箕子は、

「自分も酔ってわからない」

と使者に答えたという。

読み下し文

紂、長夜の飲を為す。懽《たの》しんで以て日を失《わす》る。其の左右に問うも、尽《ことごと》く知らざるなり。乃ち人をして箕子に問わしむ。箕子、其の徒に謂いて曰わく、天下の主と為りて日を失る、天下其《そ》れ危うし。一国皆な知らずして我れ独《ひと》りこれを知る、吾れ其れ危うしと。辞するに酔いて知らざるを以てす。

（説林上）

厳しい現実社会を安全に生き抜くための術

大勢に合わせることを勧めたものである。

現代社会においても、大勢に合わせたほうがよい場面があるのではないだろうか。すべてを合わせればよいというわけではないが、同調しておいたほうが無難ということもあるだろう。少なくとも、無意味に目立って、非難を浴びたくはないものだ。

たとえば、会議の席。もちろん主張すべきところは主張すべきであり、しっかりと意見を述べることは大切である。だが、見当違いの反対意見を言ったり、無意味に目立ってひんしゅくを買ったりするようなまねはやめておきたい。

大勢に合わせる——厳しい現実社会を安全に生き抜いていくための術といえるのではないだろうか。

大勢に合わせたほうがいい場合もあるんだね

いつも発言すればよいというわけではない

ボク自分の考えを信じて会議でどんどん発言するタイプなんです
それっていいことなんじゃないの？
それが本当に正しい内容であればいいんですけど…
思い込みの場合も多くて
わざと反対していると思われてまわりから白い目で見られることもあるんですよ
ときにはほかの人たちに合わせる姿勢も必要ってことだね

発言する前には、見当違いの内容でないかを考えることも必要。ときには大勢に合わせることも。

意表をついた見事な説得術

斉《せい》の靖郭君《せいかくくん》が自分の領地の薛《せつ》に城を築こうとした。だが、それを知って中止を進言する客がとても多かった。うるさくなった靖郭君は取次役にこう申し渡した。

「客が来ても取り次いではならぬ」

ところが、斉の人で、お目通りを願い出た者がいる。

「わたしは三言だけ話したい。それを超えたら釜ゆでにされてもよい」

と言っているという。靖郭君は会ってみることにした。

その客は小走りに進み出ると、

「海、大、魚」

とだけ言って、そのまま背を向けて立ち去ろうとした。

読み下し文

靖郭君、将に薛に城《きず》かんとす。客、以て諫《いさ》むる者多し。靖郭君、謁者《えっしゃ》に謂いて曰わく、客の為めに通ずること毋《な》かれと。斉人、見《まみ》えんことを請う者有り、曰わく、臣請う、三言にして已《や》まん。三言を過ぐれば、臣請う、烹《に》られんと。靖郭君因《よ》りてこれを見る。客趨《はし》り進みて曰わく、海大魚と。因りて反《かえ》り走る。靖郭君曰わく、請う、其の説を聞かんと。客曰わく、臣、敢《あ》えて死を以て戯《たわむ》れを為さずと。靖郭君曰わく、願わくは寡人《かじん》の為

「待て、その説明を聞かせてくれ」

「わたしとて、むざむざ死にたくはございません」

「どうかわしのために話してくれ」

　靖郭君が頼むと、客は答えた。

「海中の大魚をご存じでしょう。大きいので網《あみ》をかけても捕まえることができません。釣り上げることもできません。でも、はね上がって水から跳び出したら、虫の餌食となります。さて、斉の国はあなたにとって海にあたります。斉の実権を握っておられる限り、薛のことなど問題になりません。あなたが斉の国から離れることになれば、薛の城を天に届くほど高く築いたところで、何の役にも立ちません」

「なるほど」

と靖郭君は言って、城を築くのをとりやめた。


めにこれを言えと。答えて曰わく、君、大魚を聞くか。網も止《とら》(獲)える能《あた》わず、繳《つな》も絓《か》(挂)くる能わざるも、蕩《おど》りて水を失わば、螻蟻《ろうぎ》も意を得ん。今夫れ斉は亦た君の海なり。君長く斉を有《たも》たば、奚《な》んぞ薛を以て為さん。君斉を失わば、薛城を隆《たか》くして天に至ると雖《いえど》も、猶《な》お益無きなりと。靖郭君曰わく、善しと。乃ち輟《や》めて、薛に城かず。

（説林下）

説得や交渉にはさまざまな工夫が必要

工夫をこらし面会にこぎつけ、意表をつく方法で説得に成功した。普通のやり方では面会できず、説得も成功しなかったであろう。キーワードを投げかけ、相手を引き込む見事な説得術である。

このまま使えないとしても、大いに参考になるものである。たとえば、商談などの交渉のとき、なかなか話が進まないことがあるだろう。そんなときは、この話のように、アプローチを変え、相手を引き込むことを考えるとよいだろう。具体例としては「あえてまったく別の話題を投げかける」「商談の場所を変える」「今までと異なるツールを使用する」など、さまざま考えられるだろう。

交渉もセオリー通りだけではうまく進まないものだ。つまり、説得や交渉には「**さまざまな工夫が必要**」ということである。

交渉をうまく進めるためには

交渉が
うまく進まないときには
アプローチを変えることを
考えてみましょう
相手を引き込む
糸口となるはずです
その糸口を突破口にして
一気に交渉を進めるのです

別のアプローチをすぐに実行できるかが成否の分かれ目。アプローチのパターンをいくつか用意しておくとよい。

状況をわきまえない発言は、まわりの人間にも迷惑をかけることになる

范文子《はんぶんし》は、しばしば直言することを好んだ。それを知った父の武子は、杖で文子を打ちすえて、次のように言った。
「直言などすれば、相手に嫌われることになる。嫌われたら自分の身が危うくなる。いや、そうなったらそなたただけでは済まない。この父の身も危うくするのだぞ」

不用意な直言は避けるべき

上の立場の人への、状況をわきまえない不用意な発言は、本人が非難されるのはもちろん、周囲の人間にも迷惑をかけることになりかねないというものである。

これは現代組織においてもいえることである。発言は立場や状況をわきまえてすべきである。**他人にまで迷惑をかけるような発言は、くれぐれも慎みたい**ものだ。

読み下し文

范文子、直言を喜ぶ。武子これを撃つに杖を以てして曰わく、夫れ直議する者は人の容《い》るる所と為らず。容るる所無ければ、則ち身を危うくす。徒《た》だに身を危うくするのみに非ず、又将《まさ》に父を危うくせんとすと。（外儲説左下）

コラム

『韓非子』の説話 その2

利益があると勇者に変身

利の在る所は皆な賁・諸となる
利益があるとなれば誰でもこわさを忘れて勇者に変身するということです
その気持ちわかりますよ
じつはボク高所恐怖症なんです
へぇそうなんですか
けどもし一億円もらえるんであれば
スカイダイビングでも挑戦するかもしれませんよ

鰻《うなぎ》は蛇に似ているし、蚕《かいこ》は芋虫に似ている。蛇を見れば、だれでもびくっとするし、芋虫をみれば、ぞっとする。けれども漁師は鰻を素手で持ち、女性は蚕を手でつまみあげる。

つまり、利益があるとなると、誰でも賁《ほん》や諸《しょ》（勇者）になるのだ。

※賁・諸……孟賁と専諸のこと。ともに勇士。

読み下し文

鱣《せん》は蛇に似《に》、蚕《さん》は蠋《しょく》に似たり。人は蛇を見れば則ち驚駭《きょうがい》し、蠋を見れば則ち毛起《もうき》するも、漁者《ぎょしゃ》は鱣を持ち、婦人は蚕を拾う。利の在る所は、皆な賁・諸と為る。

（説林下）

第3章

上に立つ者の心得とテクニック

この章は、トップやリーダーの心構えや部下・組織を管理するための手法など、上に立つ者の心得とテクニックをテーマとした章だ

軽率な発言に注意
「口は堅く」が基本

堂谿公《どうけいこう》が韓《かん》の昭侯《しょうこう》にたずねた。

「今、価千金の玉の杯があったとします。もし底がなかったとしたら、これに水を入れることができるでしょうか」

「だめだ」

「では、素焼きの杯があったとします。これには底があって水が漏れないとすれば、酒を入れることができるでしょうか」

「できる」

そこで堂谿公は言った。

「そもそも素焼きの器はもっとも粗末な器ですが、それでも水が漏れなければ酒を入れることができます。千金もする玉の杯は貴重ですが、底がなくて、水が漏れて入れられないというのでは、人は誰もそこに飲み物をついだりはしません。

読み下し文

堂谿公、昭侯に謂いて曰わく、今、千金の玉卮《ぎょくし》有り、通じて当《そこ》無し、以て水を盛るべきかと。昭侯曰わく、不可なりと。瓦器《がき》有りて漏《も》らさず、以て酒を盛るべきかと。昭侯曰わく、可なりと。対《こた》えて曰わく、夫れ瓦器は至賤《しせん》なるも、漏らさざれば以て酒を盛るべきかと。千金の玉卮ありと雖も、至貴なるも当《そこ》無く、漏りて水を盛るべからざれば、則ち人孰《た》れか漿《しょう》を注《そそ》がんや。今、人主と為りて、其の群臣の語を漏らすは、其れ猶《な》君主でありながら、その群臣の進言を外に漏らしたりするのは、底のない玉の杯のようなものです。臣下にすぐれた知恵者がいたところで、その術を十分に実行できないのは、君主が外に漏らすからです」
「なるほど」
それからというもの昭侯は、大きな計画を考えているときは、必ず一人で寝た。寝言を聞かれて他人に計画が漏れることを恐れたためである。

お当《そこ》無きの玉巵のごときなり。聖智有りと雖も、其の術を尽くす莫《な》きは、其の漏らすが為めなりと。昭侯曰わく、然りと。昭侯、堂谿公の言を聞き、此れよりの後、天下の大事を発せんと欲すれば、未だ嘗《かつ》て独《ひと》り寝《い》ねずんばあらず。夢に言いて人をして其の謀を知らしむるを恐るればなり。

（外儲説右上）

上に立つ者の基本中の基本

口が軽いようではトップやリーダーはつとまらない。上の者の軽率な発言は、部下たちの混乱を招き、組織の運営にも支障をきたす。それに、部下が言ったことを上司が軽々しく他言するようであれば、部下は上司に何も言わなくなるだろう。「**口は堅く**」、上に立つ者の基本中の基本といえよう。

他言する前に

さっき取材した○×商事の社長が
内緒で話してくれたんだけどねじつは…
松ちゃんちょっと待って
それは誰かに漏らしてもいい話なの？
話してもよい内容かを考えること。

人にはそれぞれ職分がある

魏《ぎ》の昭王《しょうおう》は、自分で政務を手がけてみたくなった。そこで、孟嘗君《もうしょうくん》に言った。

「わしは自分で政務をやってみたいんだが」

「政務を手がけるのでしたら、まず法律を勉強されてはいかがでしょうか」

昭王は法律の勉強を始めたが、いくらも読み進まないうちに眠くなって、寝てしまった。そして、王は言った。

「わしには法律の勉強はできない」

君主は、権力の要をおさえていればそれでよい。それを怠って、臣下のなすべきことまで手を出そうというのでは、眠くなるのも当然ではないか。

読み下し文

魏の昭王、官事に与《あずか》らんと欲《ほっ》し、孟嘗君に謂いて曰わく、寡人、官事に与らんと欲すと。君曰わく、王、官事に与らんと欲すれば、則ち何ぞ試みに法を読むを習わざると。昭王法を読むこと十余簡《かん》にして睡臥《すいが》す。王曰わく、寡人、此の法を読む能《あた》わずと。夫《そ》れ其の勢柄《せいへい》を躬《み》親《みずか》らせずして、人臣の宜《よろ》しく為《な》すべき所を為さんと欲する者なり。睡《ねむ》るも亦《ま》た宜《むべ》ならずや。

（外儲説左上）

部下がやるべきことにむやみに手を出さないこと

人にはそれぞれ職分があるということだ。各人がそれぞれの立場で力を尽くしてなすべき務めを果たす。現代においても同様である。**トップやリーダーは、それぞれの立場の職分をまっとうすべき**なのである。『韓非子』が指摘するように、部下がやるべきことにむやみに手を出すべきではない。

トップやリーダーは、重要な判断や意思決定、部下の指導や管理などに力を注がなければならず、そこを怠って、部下の職分に手を出してはならないのだ。

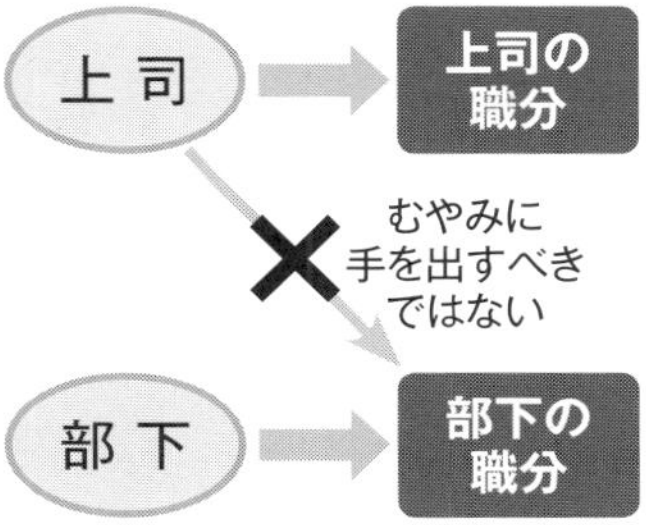

上司
上司の職分
むやみに手を出すべきではない
部下
部下の職分

人にはそれぞれ職分がある自分の職分をまっとうすることが大切だ

自分のやるべきことを第一に

その仕事はキミの部下がやるべきことじゃないかキミが手を出す必要はないぞ
それぞれの職分をわきまえたほうがいい
お言葉ですが常務……
私のほうが経験もありますので……
その気持ちはよくわかるよ
しかしキミにはキミのリーダーとしてのやるべきことがあるまずはそれを第一に考えなさい
リーダーとしてボクのやるべきこと……
はい気をつけます！

トップやリーダーの立場でのやるべきことを第一に考え、まっとうすべきである。

「宋襄の仁」あまりに生まじめすぎるのも問題

宋《そう》の襄公《じょうこう》が楚《そ》の軍と涿谷《たくこく》あたりで戦ったときのことである。宋の軍隊は隊列をすっかり整えたのに対し、相手の楚の軍隊はまだ川を渡りきっていなかった。右司馬《ゆうしば》の官（軍司令官）にあった購強《こうきょう》が襄公のもとに走ってきて進言した。

「楚の軍は大勢で、宋の軍は小勢です。ここにひとつ楚の軍隊が川を渡っている途中、まだ整列していないうちに攻撃しましょう。きっと打ち破ることができるでしょう」

　すると襄公は言った。

「わしは君子の言というのを聞いている。傷ついた者をさらに傷つけることはせず、白髪まじりの老兵を捕虜にせず、人を危険な目に遭わせたり、窮地に突き落としたり、

読み下し文

宋の襄公、楚《そ》人《ひと》と涿谷の上《ほとり》に戦う。宋人既《すで》に列を成し、楚人未《いま》だ済《わた》るに及ばず。右司馬の購強、趨《はし》りて諫めて曰わく、楚人衆《おお》くして宋人寡《すく》なし。請《こ》う、楚人をして半《なか》ば渉《わた》らしめ、未だ列を成さざるときにしてこれを撃《う》たば、必ず敗《やぶ》らんと。襄公曰わく、寡人聞く、君子曰わく、傷を重ねず、二毛を擒《とりこ》にせず、人を険に推《お》さず、人を阨《あい》に迫《せま》らず、列を成さざるに鼓《こ》せずと。今、楚未だ済らざるにこれを撃つは、義を害す。請う、楚人を

軍列を整えていない敵は攻撃したりしないということだ。今、楚が川を渡りきらないうちに攻撃するというのは、道義にそむくことになる。ここは楚の軍隊が川を渡り終えて陣を整えてから、兵士を進撃させることにしたい」

右司馬も引き下がらずに言った。

「殿は宋の民を愛されず、家臣までも守ろうとされない。ただ道義を守るだけです」

襄公は怒って言った。

「もうよい。持ち場に戻らなければ、軍法によって処罰するぞ」

右司馬はやむなく軍列にもどった。やがて、楚の軍が軍列を整え、布陣を終えたので、襄公は進撃の太鼓をうった。結果は宋軍の大敗で、襄公は太ももに傷を受けて、三日後に死んでしまった。

して畢《ことごと》く渉りて陣を成さしめ、而る後に士を鼓してこれを進めんと。右司馬曰わく、君は宋の民を愛せず、腹心《ふくしん》も完《まっと》(全)うせず、特《た》だ義を為すのみと。公曰わく、列に反《かえ》らざれば、且《まさ》に法を行なわんとすと。右司馬、列に反る。楚人已《すで》に列を成して陣を撰《ととの》う。公乃ちこれに鼓す。宋人大いに敗れ、公は股《もも》を傷つけ、三日にして死せり。

(外儲説左上)

ときには非情の決断も必要

この話は「**宋襄の仁**」（つまらない情けをかけてひどい目にあうこと）として知られている。

道義（人としての正しい道）を守ることは大切ではある。だが、あまりにも生まじめすぎるというのも問題があるだろう。状況によっては柔軟に対応しなければならない場合もある。トップやリーダーは**組織を守るためには、ときには非情の決断を下すことも必要**なのかもしれない。

たとえば、製品の生産コストを削減しなければならない事態に陥ったとしよう。原材料や部品などの調達先が古くからの取引先だった場合、どうすべきであろうか。長年の付き合いだからといって取引を継続させれば、生産コストを削減できず、会社の業績を悪化させることになる。だから、取引先企業に痛手を与えることになるかもしれないが、取引関係の見直しも視野に入れるべきだろう。会社を守るためには、非情の決断を下すことも必要なのである。

会社の危機を乗り切るためには

この経営難を乗り切るためには人員の削減もやむを得ないかもしれない…
会社を守るためにはわしも心を鬼にして非情の決断をしなければならないのかも……

人員削減などのリストラ策は最終手段。人員削減を避けるための努力も当然必要である。

信義の重要性
口にしたことは必ず実行する

晋《しん》の文公《ぶんこう》が原《げん》を攻めたときのことである。十日分の食糧を用意すると、将校たちと十日の（戦いの）期限を約束した。ところが、原を包囲して十日経ったが、原は陥落しなかった。そこで、鐘をたたき退いて、戦いをやめて引き揚げようとした。

すると、たまたま原の城中から脱出した兵がいて、

「原は三日もすれば陥落します」

と言った。

側近の者たちも文公に進言した。

「原には食糧はなくなり、戦力も尽きています。殿、もうしばらくお待ちください」

それに対して文公は、

読み下し文

晋の文公、原を攻む。十日の糧《かて》を裹《つつ》み、遂《つい》に大夫と十日を期《き》す。原に至り十日にして原下《くだ》らず。金《かね》を撃《う》ちて退き、兵を罷《や》めて去る。士、原の中《うち》より出《い》づる者有り、曰わく、原は三日にして即ち下らんと。群臣左右諫《いさ》めて曰わく、夫《そ》れ原の食は竭《つ》き力は尽く。君姑《しばら》くこれを待てと。公曰わく、吾れ士と十日を期す。去らざれば、是れ吾が信を亡《うしな》わん。原を得て信を失うは、吾れ為さざるなりと。遂に兵を罷めて去る。原の人聞

「わしは士官たちと十日の期限を約束した。引き揚げなければ、わしは信義を失うことになる。原を手に入れることができても、信義を失うようなことは、わしはしない」

と言って、そのまま戦いをやめて引き揚げた。この話を聞いた原の人々は、

「君主としてあれほどにも信義を守っているのだから、安心して従っていくことができる」

と言って、文公に降伏した。また、隣の衛《えい》の国の人々もそれを聞くと、

「君主としてあれほどにも信義を守っているのだから、安心して従っていくことができる」

と言って、文公に降伏した。

　孔子《こうし》はそれを聞くと、そのことを記録してこう言った。

「原を攻めて衛まで手に入れたのは、信義を守ったからこそだ」


きて曰わく、君有（為）《た》ること彼《か》の如く其れ信なり、帰《き》すること無かるべけんやと。乃ち公に降る。衛人《えいひと》聞きて曰わく、君有《た》ること彼の如く其れ信なり、従うこと無かるべけんやと。乃ち公に降る。孔子聞きてこれを記《しる》して曰わく、原を攻めて衛を得たるは、信なればなりと。

（外儲説左上）

真心をもって約束を守り、相手に対するつとめを果たす

信義の重要性を説いたものである。

つまり、真心をもって約束を守り、相手に対するつとめを果たすことがいかに大事であるかだ。これは、昔も今も変わらずとても大切なことである。とくに、トップやリーダーにとってきわめて重要なことといえよう。

言ったことに責任を持たず適当であったり、約束を守らなかったりしていては、部下はもちろん周囲から相手にされなくなるのはいうまでもない。

自分の発言には責任を持ち、口にしたことは必ず実行する。

肝に銘じておきたい。

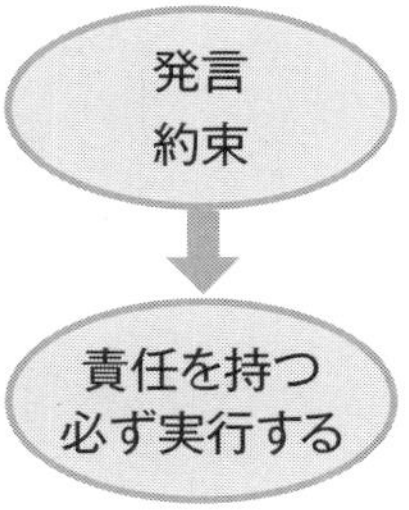
発言
約束
責任を持つ
必ず実行する

自分の発言に責任を持つことはとても大事なことだね

口にしたことが実行されないと……

すまん
松ちゃん…
えっ
あのインタビュー記事
担当を松ちゃんにお願いするつもりで予定を空けてもらっていたんだけど
別のライターに依頼することが決まってしまったんだ約束が守れず
申し訳ない
あ…そう……
信頼関係にひびが入る

約束が守られないと今後の関係にもひびが生じる。 やはり口にしたことは実行すべきである。

情報だけに頼らず
自分で実情を確認する

韓《かん》の宣王《せんおう》が言った。

「わしの馬は、豆や穀物をたっぷりと与えてあるのに、その割にひどくやせている。なぜなのか。心配でならぬ」

臣下の周市《しゅうふつ》は、それに答えてこう言った。

「馬飼いの役人が全部の穀物を食べさせていたら、肥えないようにと願っても、肥えるものです。表向きはたっぷりと与えたことになっていても、実際には少ないということであれば、やせないようにと願ってもそうなるわけはありません。殿がその実情を調べることもされず、ただじっとしていて心配されているだけでは、いつまでたっても馬は肥えませんぞ」

読み下し文

韓の宣王曰わく、吾が馬、菽《しゅく》粟《ぞく》多きに、甚だ臞《や》せたるは、何ぞや。寡人これを患《うれ》うと。周市対《こた》えて曰わく、騶《すう》をして粟を尽くして以て食らわしむれば、肥ゆる無からんとすと雖も、得《う》べからざるなり。名は多くこれを与うと為すも、其の実少なければ、臞《や》する無からんとすと雖も、亦《ま》た得べからざるなり。主、其の情実を審《つまび》らかにせず、坐してこれを患うれば、馬猶《な》お肥えざるなりと。（外儲説左下）

仕事の現場・組織の実態を確認

予算通りの餌を馬に与えていなければ、馬は太らず、やせていくばかりである。つまり、予算通りに業務が行われていなかったわけである。

トップやリーダーは、組織の実情を把握しなければならない。だが、部下がもたらす情報すべてを鵜《う》呑《の》みにしたり、データだけに頼ったりするのは危険である。なぜなら、もたらされる情報やデータがすべて正しいとは限らず、また実情のすべてを反映しているわけでもないからだ。だから**仕事の現場、組織の実態を自分で確認することも必要**なのだ。

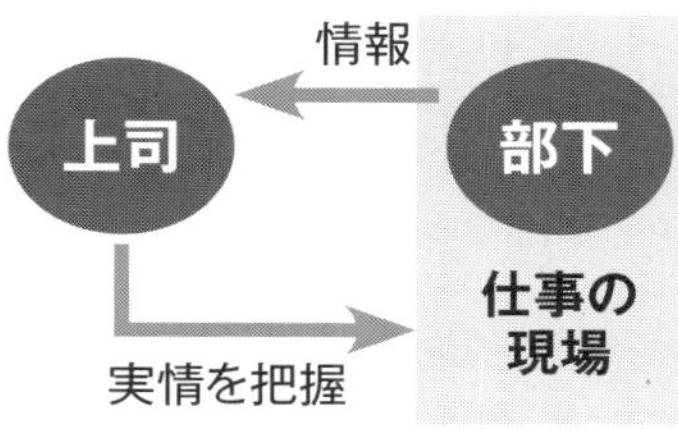
情報
上司
部下
仕事の現場
実情を把握

実情を自分で確認する
これも大事なことですね

自らが実情を確認

社長 お耳に入れたいことが……
会社のお金の流れに不審な点が見られます
ちょっと信じたくありませんが……
じつは その…
社員のなかに横領している者がいるのでは……
バカな！うちの社員たちを疑うのか!?
そんなことするヤツがいるはずは…
いや…一度きちんと調べてみるか
帳簿と通帳を全部持ってきてくれ

組織のなかには、じつは不正を働いている者もいるかもしれない。自ら確認するのが確実である。

親切も部下のやる気を引き出す手段

呉起《ごき》が魏《ぎ》の将軍となって中山《ちゅうざん》を攻めたときのことである。兵士の中に、腫《は》れものに苦しむ者がいた。呉起はひざまずいて、自ら膿《うみ》を吸い出してやった。すると、その兵士の母親が泣き出した。

「将軍様がじきじきに親切にしてくださっているのに、どうして泣くのだ」

とたずねた者に、母親はこう答えた。

「呉起様は、あの子の父親のときも膿を吸い出してくれました。父親はその恩に報いようとして討死にしました。この子もまた恩義に感じて死ぬことになりましょう。それで私は泣くのです」

読み下し文

呉起、魏の将と為りて中山を攻む。軍人、疽《しょ》を病《や》む者有り。呉起跪《ひざまず》きて自ら其の膿を吮《す》う。傷（瘍《よう》）者の母泣く。人問いて曰わく、将軍の若《なんじ》の子に於《お》ける是《か》くの如し。尚《な》お何《なん》為《す》れぞ泣くやと。対《こた》えて曰わく、呉起、其の父の創《そう》（瘡）を吮いて、而して父死す。今是《こ》の子又将に死せんとす。吾れ是《これ》を以て泣くと。

（外儲説左上）

あえて部下に対して優しく、親切にする

呉起は兵士を戦場で働かせるため、兵士の膿を吸い出したのである。親切にされた兵士は、必死になって戦うだろう。**親切もやる気を引き出す手段になる**というわけである。

部下の心を読んだうえの演技といえるかもしれないが、これも部下のやる気を引き出すテクニックの一つである。あえて部下に対して優しく、親切にする。リーダーにはこういったパフォーマンスも求められるのだろう。

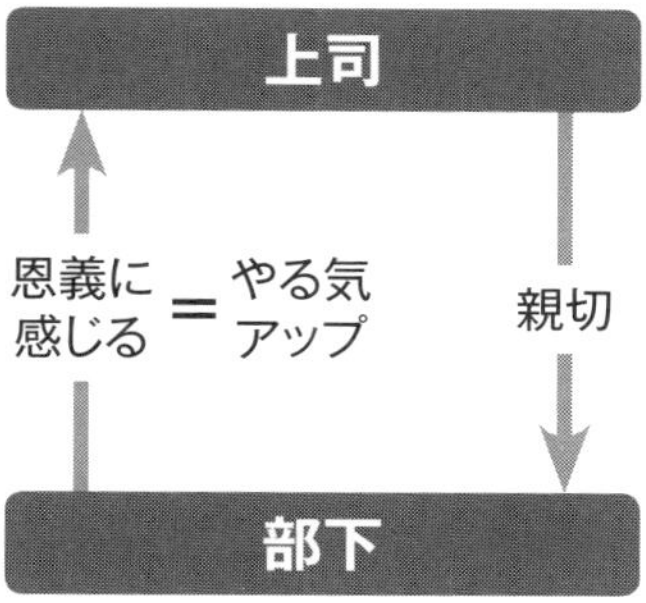
上司
親切
部下
恩義に感じる ＝ やる気アップ

ときには部下に優しく接してみるといいぞ

部下に恩義を感じさせる

部長…このたびの私の失態を穏便に処理してくださりありがとうございました
失敗の一つや二つ誰でもあることだ気にするな
やさしいお言葉…部長が必死に私を守ってくれたとお聞きしました…！
私のために…本当にありがとうございました……今まで以上に必死にがんばります

上司に恩義を感じた部下は、今まで以上に仕事に励むだろう。

申告と実績の不一致を認めず 越権行為は許さない

君主が臣下の悪事をふせぐためには、「刑《けい》（形）」と「名《めい》」が合致しているかどうか、すなわち申告と実績とを照合すべきである。

まず、臣下にこれだけのことをやりますと申告させる。君主は、その申告によって仕事をあたえ、その仕事にふさわしい実績を求める。実績が仕事にふさわしく、それが最初の申告と一致すれば、賞をあたえる。反対に実績が仕事にふさわしくなく、最初の申告と一致しなければ、罰を加える。

これだけはやりますと言いながら、それだけの実績をあげなかった臣下は罰する。実績が小さいからではない。申告と一致しなかったことを罰するのだ。

これだけしかやれませんと言いながら、それ以上の実績

読み下し文

人主、将《まさ》に姦《かん》を禁ぜんと欲すれば、則ち刑《けい》（形）名《めい》を審合《しんごう》せよとは、言と事となり。人臣為《た》る者、而（其《そ》）の言を陳《の》べ、君は其の言に以《よ》りて之《これ》が事を授け、専《もっぱ》ら其の事に以りて其の功を責《もと》む。功其の事に当たり、事其の言に当たれば、則ち賞し、功其の事に当たらず、事其の言に当たらざれば、則ち罰す。故に群臣、其の言大にして功の小なる者は則ち罰す。小功を罰するに非ざるなり、功の名に当たらざるを罰するなり。群臣、其

をあげた者も罰する。実績が大きいことを喜ばないわけではない。だが、臣下の申告と実績が一致しないことの害のほうが、実績が大きいことよりも重大なのだ。だから、罰するのである。

の言小にして功の大なる者も亦《ま》た罰す。大功を説《よろこ》ばざるに非ざるなり、以為《おも》えらく、名に当たらざるの害は大功有るより甚《はなは》だしと、故に罰す。（二柄）

「刑名参同」

ここで書かれている勤務評定は、「**刑名参同**《けいめいさんどう》」と呼ばれるものである。「**刑名参同**」——事の実績と言の名目をつきあわせて一致するかどうかを調べること。つまり、言葉（申告した内容）と実績（仕事の成果）とを照合して部下を評価するというものである。

『韓非子』は、申告した以上に実績をあげた者も処罰の対象にするのだという。厳しいようだが、部下を適正に管理するためには、そのくらい徹底しなければならないのだろう。

これに続けて、次のような例をあげて説を進めている。

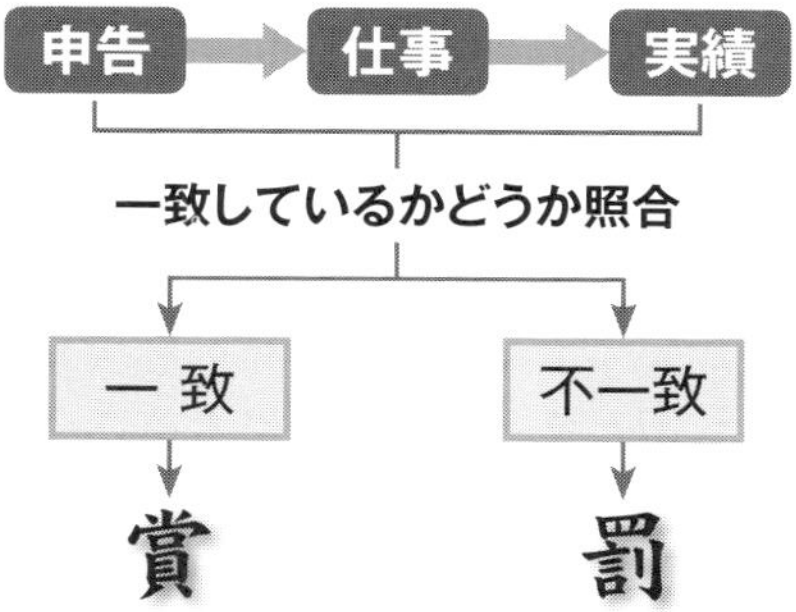
申告
仕事
実績
一致しているかどうか照合
一 致
不一致
賞
罰

「刑名参同」
徹底した部下の管理
ですね　参考になる
かもしれませんよ

むかし、韓《かん》の昭侯《しょうこう》が酒を飲んでうたた寝をした。冠係の役人は、主君が寒いだろうと思って、気をきかせて衣を主君にかけた。昭侯は目覚め、それに気づき、うれしく思って近くの者に尋ねた。

「だれが衣をかけてくれたのか」

「冠係の役人です」

そこで昭侯は、衣服係と冠係の役人をともに罰した。

衣服係の役人を罰したのは、その仕事を怠ったからである。冠係の役人を罰したのは、その職務を越えた行為を行ったからである。風邪を引いてもかまわないわけではない。しかし、昭侯は越権行為による害を、自分が風邪を引くことより重大だと考えたのである。

だから、すぐれた君主の下では、臣下は自分の職務を越えて業績をあげることは許されない。申告と実績が一致しないことも許されない。越権行為については死刑とし、申告と実

読み下し文

昔者《むかし》、韓の昭侯酔いて寝《い》ぬ。典冠《てんかん》の者、君の寒きを見て、故に衣を君の上に加う。寝《しん》より覚《さ》めて説《よろこ》び、左右に問いて曰わく、誰《たれ》か衣を加えし者ぞと。左右対《こた》えて曰わく、典冠なりと。君因《よ》りて兼《あ》わせて典衣《てんい》と典冠とを罪す。其の典衣を罪するは、以て其の事を失《しっ》すと為《な》せばなり。其の典冠を罪するは、以て其の職を越《こ》ゆと為せばなり。寒きを悪《にく》まざるに非《あら》ざるなり、以為《おも》えらく、官を侵《おか》すの害は寒きより甚だしと。故に明主の臣を畜《やしな》うや、臣は官を越えて功有ることを得ず、言を陳《の》べて当たらざることを得ず。官を越ゆれば則ち死し、当たらざれば

績の不一致は罪に問われる。臣下たちが自分の職域を守り、言ったことを正確に行っていけば、臣下たちは徒党を組んでかばいあうことはできない。

則ち罪あり。業を其の官に守り、言う所の者貞《あ》たれば、則ち群臣は朋党《ほうとう》して相《あ》い為《たす》くることを得ず。

（二柄）

部下に職域を守らせる

この話では、衣服係の役人は職務を怠ったわけだから、当然、責められるべきである。一方、冠係の役人は、気をきかせて衣をかけたのである。しかし、衣服係という担当者がいるので、自分の職務範囲を越えた行為を行ったことになる。つまり、越権行為だ。

『韓非子』は**越権行為を許してはならない**としている。越権行為を認めてしまうと、部下たちの関係が悪くなるだろうし、組織の運営にも支障をきたすことにもなる。

現代の企業でも、担当職務に分かれ仕事を行うのが通常であるが、管理者としては、部下に職域を守らせることが大事な務めといえよう。

職域を守る

例えば営業職の場合
自分の担当エリア外
にまで営業の範囲を
広げるのはＮＧだ

職域を守らせないと部下のコントロールが難しくなる。

下の者は上の者を見習うものである

斉《せい》の桓公《かんこう》は、紫の服を着ることを好んだ。すると、それをまねて国中の者がみな紫の服を着るようになった。その結果、紫の生地の値段が白絹の生地の五倍以上になってしまった。

桓公は心配になり、管仲《かんちゅう》に相談した。

「わしは紫の服を着るのが好きだが、紫の生地の値段がはね上がってしまった。それでも、国中の者が紫を着るのを好きになって止まりそうにない。どうすればよいだろう」

それに対して、管仲は、

「紫の服を着させないことをお望みであれば、ひとつためしに、近くの者に『わしは紫の臭いが嫌いじゃ』とおっしゃってみてください」

と提案してきたため、桓公は、

読み下し文

斉の桓公、紫を服するを好み、一国尽《ことごと》〱く紫を服す。是《こ》の時に当たりてや、五素《ごそ》に一紫《いっし》を得ず。桓公これを患《うれ》え、管仲に謂いて曰わく、寡人《かじん》、紫を服するを好み、紫の貴《たか》きこと甚だし。一国の百姓、紫を服するを好みて已《や》まず。寡人奈何《いかん》せんと。管仲曰わく、君、紫を衣《き》る勿《な》きを欲すれば、何ぞ試みに左右に謂いて吾れは甚だ紫の臭《にお》いを悪《にく》むと曰わざると。公曰わく、諾《だく》と。是《ここ》に於いて左右適《たまたま》〱紫を衣て進む者有れば、公必ず曰

「よし、わかった」

と答え、紫の服を着た者が出仕してくると、桓公はそのたびに、

「少し下がれ、わしは紫の臭いが嫌いじゃ」

と言うようにした。

すると、その日のうちに朝廷から紫の服を着る者がいなくなり、翌日には都から紫の服を着る者がいなくなり、三日後には国中から紫の服を着る者の姿がなくなった。

わく、少しく却《しりぞ》け。吾れ紫の臭いを悪むと。是の日に於いて、其の郎中に紫を衣るもの莫《な》く、明日《めいじつ》は国中に紫を衣るもの莫く、三日にして境内《きょうない》に紫を衣るもの莫し。

（外儲説左上）

部下は常に上司を見ている

「下の者は上の者を見習う」ということである。

部下は常に上司を見ているものだ。つまり、**トップやリーダーは注目される立場にある**というわけである。そのことを日頃から認識しておかなければならない。そして、言動には注意を払わなければならない。上の者の言動は、部下たちに影響を与える。くれぐれも悪影響とならないよう気をつけたいものだ。

注目される上司の言動

どういう人なんですか?
その部長さん
それが…やることなすこと
でたらめなんですよ

あの人を見ていると
こっちまでやる気がなくなるほどなんですよ
見習わないよう気をつけています

部下に悪影響を与えないよう注意しよう。

自分の力を発揮するよりも部下の力を引き出すこと

（名御者の）造父が畑で草刈りをしていたときのことである。車に乗った親子が通りかかったが、馬が何かに驚いて進まなくなった。子が車を降りて馬を引っぱり、父も降りて後から車を押し、造父にわれわれを手伝って車を押してくれないかと頼んだ。

そこで造父は農具を片づけ、仕事をやめて馬車に乗り込むと、その親子を車に乗せた。そして手綱の具合を確かめてむちを持ったが、まだむちを使わないうちに、馬は一斉に走り出したのである。

もし造父が馬を御する名人でなかったら、体を張って力の限り車の後押しを手伝ったところで、馬は進もうとしなかったであろう。力を使わず、さらに車に乗ったまま

読み下し文

造父方《まさ》に耨《くさぎ》る。子父の車に乗りて過《よぎ》る者有るを見るに、馬驚きて行かず。其の子車を下《お》りて馬を牽《ひ》き、父も下りて車を推し、造父に我れを助けて車を推さんことを請う。造父因りて器《き》を収め、輟《や》めてこれに寄載《きさい》し、其の子父を援《たす》けて乗らしむ。乃ち始めて轡《たづな》を検《けん》し筴《むち》を持ち、未だこれを用いざるに、而も馬は咸《み》な鶩《は》す。造父をして御すること能《あた》わざらしむれば、力を尽くし身を労して、これを助けて車を推すと雖も、馬は猶《な》お肯《あ》えて行かざ

で人助けができたのは、術をわきまえて馬を御したからである。
そこで、国は君主にとっての車であり、権勢は君主にとっての馬である。術をわきまえてこの馬を御していくのでなければ、いかに苦労しても国の乱れは免れない。術をわきまえて御していくことができれば、身は安泰な立場にいて、さらに大きな仕事を成し遂げることができよう。

らん。今身は佚《いつ》ならしめ、且《か》つ寄載して、人に徳有るは、術有りてこれを御すればなり。故に国は君の車なり。勢は君の馬なり。術以てこれを御する無ければ、身は労すと雖も、猶お乱より免《まぬか》れず。術以てこれを御する有れば、身は佚楽の地に処《お》り、又帝王の功を致すなり。（外儲説右下）

一人の頑張りには限界がある

ビジネスでも、リーダーは**自分の力の発揮よりも、部下の力を引き出す**ことを考えるべきであろう。

いくら自分一人が頑張っても限界がある。苦労は多いが、実りは少ないものだ。一方、部下やチームの力を引き出し、マネジメントができれば、それは大きな力となる。リーダーはそこに注力すべきであり、またそれがリーダーの大きな役割ともいえよう。

部下の力を引き出す

責任は わしが持つ
キミは存分に 力を発揮したまえ
はい！ 頑張ります！
部下の力を引き出すことが上司の仕事。

優秀な人材を埋もれさせないためには

子圉《しぎょ》が商《しょう》の宰相に孔子《こうし》を引き会わせたときのことである。孔子が退出したあと、子圉は宰相のところに行って、孔子の印象をたずねた。すると、宰相はこう答えた。

「孔子に会ってからそなたを見ると、まるでそなたがノミかシラミのように見える。すぐに孔子をわが主君に引き会わせようと思う」

これを聞いて子圉は恐れをなした。孔子が主君に大切にされては困るからだ。そこで、子圉はこう言った。

「主君が孔子にお会いになれば、こんどはあなたが、やはりノミかシラミのように見えることでしょう」

これで宰相は孔子を主君に会わせようとはしなかった。

読み下し文

子圉、孔子を商の太宰《たいさい》に見《まみ》えしむ。孔子出《い》づ。子圉入り、請《こ》いて客を問う。太宰曰わく、吾れ已《すで》に孔子を見れば、則ち子《し》を視《み》るに猶《な》お蚤蝨《そうしつ》の細なる者のごときなり。吾れ今これを君に見《まみ》えしめんと。子圉、孔子の君に貴ばれんことを恐る。因りて太宰に謂いて曰わく、君已に孔子を見れば、亦《ま》た将《まさ》に子を視るに猶お蚤蝨のごとくならんとすと。太宰因りて復《ま》たは見《まみ》えしめず。

（説林上）

優秀な人材が埋もれていないかを自分の目でチェック

「下の者は上の者から見捨てられるのを恐れて、自分より優れた人材を推薦しないことがある」ということである。

現代の組織においても、こういったことがあるかもしれない。自分の立場が危うくなるのを恐れて、優秀な人材を推薦しなくなると、人材が埋もれてしまうことになる。これは組織にとってマイナスである。

そうならないためには、トップやリーダーは周囲の評判などに頼ることなく、**優秀な人材が埋もれていないかを自分の目でチェックしなければならない**。これもトップやリーダーの大事な役割といえよう。

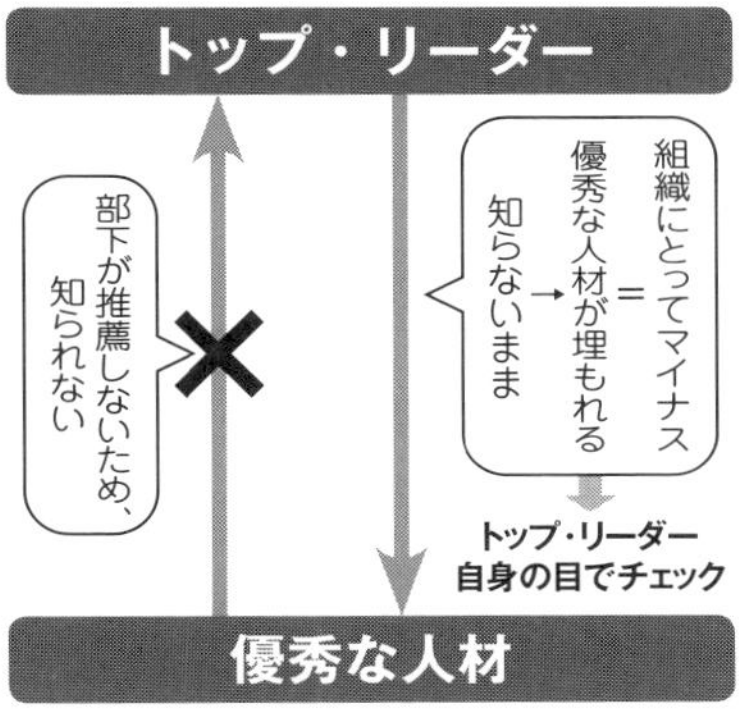

トップ・リーダー
組織にとってマイナス
＝
優秀な人材が埋もれる
→
知らないまま
部下が推薦しないため、
知られない
トップ・リーダー
自身の目でチェック
優秀な人材

部下を推薦しない上司の心理

契約は？
問題ありません
来週締結
できそうです
そうか…
さすがだな
部長が
新たなリーダー
候補を
探しているが
こいつだけは
推薦したくない
追い越され
てしまう
のではと
不安に感じて
しまうからだ

部下に追い越されるのではという不安感が、優秀な人材の推薦を妨げる。

コラム

『韓非子』の説話 その❸

道理に逆らってもうまくはいかない

マスター道理に逆らってもうまくはいかないもんだよ
『韓非子』でも「左手で四角を描きながら右手で円を描くことはできない」っていうのがあったろ 道理に逆らった行為はうまくいくはずがないってことを言ったもんだ 忘れたのか？
ごもっともです おじちゃん

子綽《ししゃく》は言う。

「左手で四角を描きながら右手で円を描くことは、誰にもできない。肉で蟻を追い払おうとしても、蟻は集まるばかり、魚で蠅《はえ》を追い払おうとしても、蠅は群がるばかりだ」

読み下し文

子綽曰わく、人能く左に画《えが》きて右に円を画く莫《な》し。肉を以て蟻を去れば、蟻は愈〻《いよいよ》多く、魚を以て蠅を駆《か》れば、蠅は愈〻至ると。

（外儲説左下）

第4章 使うべき七つの「術」

この章は、トップが
使うべき七つの「術」
をテーマにしていま
す　現代のマネジメ
ントにおいても参考
になるものです

トップが使うべき七つの「術」とは？

君主が使うべき「術」は七つあり、警戒すべき「微《び》（臣下の隠しごと）」は六つある。

七つの「術」とは次のものである。

一、臣下の言葉と事実を突き合わせて調べること。

二、罪を犯した者は必ず罰して、威光を示すこと。

三、功績を立てた者には必ず賞を与えて、臣下の能力を発揮させること。

四、臣下一人ひとりの言葉に注意し、発言に責任を持たせること。

五、まぎらわしいことを告げ、思いもよらぬことをたずねてみること。

六、知っているのに知らないふりをしてたずねてみること。

読み下し文

主の用うる所は七術なり。察する所は六微《りくび》なり。七術。一に曰わく、衆端に参観す。二に曰わく、必罰《ひつばつ》して威を明らかにす。三に曰わく、信賞して能《のう》を尽《つ》くさしむ。四に曰わく、一に聴きて下《しも》を責《せ》む。五に曰わく、疑詔詭使《ぎしょうきし》す。六に曰わく、知を挟《はさ》みて問う。七に曰わく、言を倒《さかさま》にして事を反《はん》す。此の七者は主の用うる所なり。

（内儲説上）

七、あべこべのことを言い、反対のことを行ってみせること。
この七つこそ、君主が使うべき「術」である。

『韓非子』流マネジメント法の中核

『韓非子』は、君主、トップは七つの「術」を使うべきだと説いているが、『韓非子』流のマネジメント法の中核ともいえるのが、この「術」なのである。

これらは現代組織におけるマネジメントにおいても、大いに参考になるものといえよう。

この章では、七つの「術」について見ていくことにする。なお、六つの「微」については次章で紹介する。

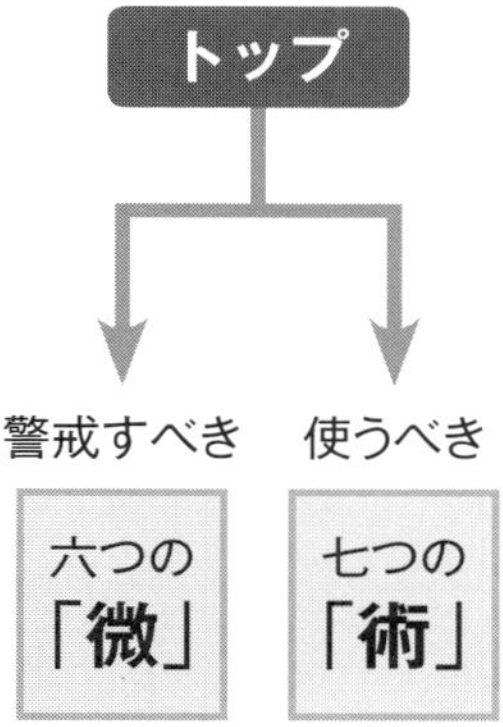
トップ
警戒すべき
六つの「微」
使うべき
七つの「術」

部下も知っておくべき七つの「術」

トップが使うべき七つの「術」だけどこの七つの「術」を知っておけば
上司の考えていることがわかるかも……きっと参考になるはずだよしやるぞ！

トップの考えを理解するうえでも七つの「術」は役に立つ。

一、臣下の言葉と事実を突き合わせて調べること

臣下の言動に注意を払って、それらを事実と突き合わせて調べなければ、実情はつかめない。

また、臣下の意見を聞くのに、決まった取り次ぎの道を定めたりすると、（間に入る）臣下が君主の目や耳を遮って隠してしまう。

読み下し文

観聴《かんちょう》参せざれば、則ち誠《まこと》聞こえず。聴に門戸有れば、則ち臣壅塞《ようそく》す。

（内儲説上）

情報と事実とを照合 複数の情報源を持つ

情報と事実とを照合して確かめてみなければ、実情をつかむことができない。情報と事実が食い違っていることがあり、鵜呑みにするのは危険だということである。

また、情報収集のパイプが一本だけだと、間に入る人間によって情報の操作が行われる可能性がある。複数のパイプ、つまり**多くの人間から情報収集しなければならない**ということである。現代にも通じるものといえよう。

臣下（部下）の言うことを鵜呑みにしてはならず、情報が事実かどうかを確認する必要性を説明するものとして、次の話がある。

情報と事実とを照合する、複数の情報源を持つ、どちらも大切なことですよ

情報の信頼性に注意を払う

安藤検事が仕事をするうえで
重要視していたことはなんですか
入手した情報についてかな
なるほど
情報収集が正しく行われていたか
そしてその情報が信頼できるものかどうか常に注意を払っていたよ

入手した情報の信頼性を常に確認するべきである。

魏《ぎ》の国の龐恭《ほうきょう》は、太子に従って趙《ちょう》の邯鄲《かんたん》へ人質としていくことになった。出発するときに彼は魏王に向かってこう言った。

「今、誰かが『市場《いちば》に虎が出た』と言ったら、信じられますか」

「信じるものか」

「では、もう一人が『市場に虎が出た』と言ったら、信じられますか」

「いや、信じない」

「それでは、さらにもう一人が『市場に虎が出た』と言ったら、いかがでしょうか」

「そうなると、わしも信じるだろうな」

そして、龐恭は言った。

「市場に虎など出ないことは、わかりきったことです。それなのに、三人が言ったとなると信じてしまう。邯鄲と魏の都との距離は、市場よりもずっと遠く、留守中にわたく

読み下し文

龐恭、太子と与《とも》に邯鄲に質《ち》たり。魏王に謂いて曰わく、今、一人、市《いち》に虎有りと言えば、王これを信ずるかと。曰わく、信ぜずと。二人、市に虎有りと言えば、王これを信ずるか。曰わく、信ぜずと。三人、市に虎有りと言えば、王これを信ずるか。王曰わく、寡人《かじん》これを信ずと。龐恭曰わく、夫れ市の虎無きや明らかなり。然れども三人言いて虎を成す。今、邯鄲の魏を去るや、市より遠く、臣を議する者は三人よりも過ぎん。願わくは王これを察せよと。龐恭、邯鄲より反《かえ》るや、竟《つい》に見《まみ》ゆるを得ず。

（内儲説上）

しを批判する者は三人どころではないでしょう。どうか、このことをお忘れになりませぬように」
しかし、龐恭が邯鄲から帰国したとき、彼はとうとう（大勢の言うことを信じた君主に）お目通りが許されなかった。

多くの人が言っているからといって鵜呑みにしないこと

事実無根の単なる噂であっても、言う人が多ければ、ついには信じてしまうということである。

多くの人が言っていると、得てしてその情報を信じてしまいがちだが、それが事実であるとは限らないのである。だから、多くの人が言っているからといって、それを鵜呑みにしないよう注意したい。そして、**その情報は事実であるか、真偽のほどを確認する**よう心掛けたいものだ。

多くの人が言うと……

なぜ部長さんは あなたに冷たく 当たるのでしょう？
私には 馬が合わない同僚が 数人いるのですが
どうやら 彼らが 私の悪口を部長に 吹き込んでいる らしいんです

トップやリーダーは惑わされないように注意したい。

二、罪を犯した者は必ず罰して、威光を示すこと

愛情が多すぎると法は成り立たず、威厳が足りないと下の者につけこまれる。従って、刑罰を厳正に行っていかないと、禁令は守られなくなる。

読み下し文

愛多き者《とき》は則ち法立たず、威寡《すく》なき者は則ち下上《しもかみ》を侵《おか》す。是《ここ》を以《もっ》て刑罰必《ひっ》せざれば、則ち禁令行なわれず。

（内儲説上）

組織管理には厳しさが求められる

「トップは情に流されてはならず、刑罰は厳正に行うべし」ということである。『韓非子』は組織管理において「**厳正さ**」の必要性を強調する。現代においても、一定の厳正さは必要なのかもしれない。

まったく厳しさのない組織は、組織内に馴れ合いを生む恐れがある。そうならないためにも、情に流されることなく、厳しくすべきところは、厳しくするという姿勢が求められるだろう。

ルールを厳しく適用するということを説明したものとして、次の話がある。

組織管理には厳しさも必要なのか

荊南《けいなん》地方にある麗水《れいすい》という川の中から金が出る。そのため、その金を盗み採りする者が多かった。

金を採ることは法で厳しく禁止されており、つかまったら市場ではりつけの刑にされる。ところが、金を盗み採りする者はとても多く、（刑死した）死体が川の水をせきとめるほどであった。それでも金を盗む者はあとを絶たない。

罪としては市場ではりつけの刑にあうほど重いものはないのに、それでも金を採る者がいるというのは、必ずつかまるとは限らないからである。

いま仮に、ある人から、

「お前に天下をやる。その代わりにお前の命をもらおう」

と言われたとする。それでも天下をもらうと言う愚か者はいないだろう。そもそも、天下を得るというのは大きな利益であるが、それでももらおうとしないのは、必ず殺さ

読み下し文

荊南の地、麗水の中に金を生ず。人多く窃《ぬす》んで金を采《と》る。金を采るの禁、得《う》れば而《すなわ》（則）ち輒《すなわ》ち市《いち》に辜磔《こたく》す。甚《はなは》だ衆《おお》くして、其の水を壅《ふさ》ぎ離《さえぎ》（籬）るも、而《しか》も人金を窃みて止《や》まず。夫れ罪は市に辜磔せらるるより重きは莫《な》きに、猶《な》お止まざる者は、必ずしも得られざればなり。故に今、此《ここ》に人有り、汝《なんじ》に天下を予《あた》えて、汝の身を殺さんと曰わば、庸人《ようじん》も為さざるなり。夫れ天下を有《たも》つは大利なるに、猶お為さざる者は、必ず死するを知ればなり。故に必ずしも得られざれば、則ち辜磔せらると雖も、金を窃みて止まず。必

れるとわかっているからである。
つまり、こうである。必ずつかまるとは限らないということであれば、はりつけの刑にされる危険があっても、金を盗むことをやめない。必ず殺されるとなれば、天下をやると言われても、もらう者はいないのだ。

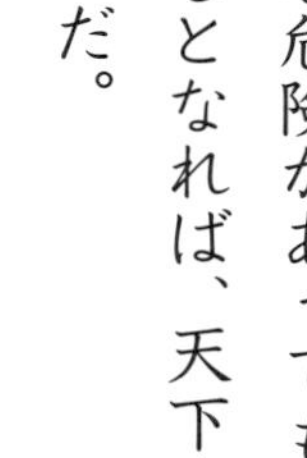

ず死するを知れば、則ち天下を有つことも為さざるなり。
（内儲説上）

ルールの適用は厳格に

「違反者は厳しく処罰する」という法があっても、違反しても罰せられないことがある場合、つまり抜け道のようなものがあると、多くの者が罪を犯してしまうということである。

ビジネスにおいても、参考になる逸話といえよう。たとえば、一つの社内ルールがあったとする。もしもそのルールの適用があいまいであったり、またルールに抜け道があったりするとどうなるだろうか？　おそらく多くの社員はそのルールを厳守しなくなるであろう。だから、**ルールには抜け道を作ってはならず、適用は厳格にすべき**なのである。

情に流されてはならないことを伝えるものとして、次のような話もある。

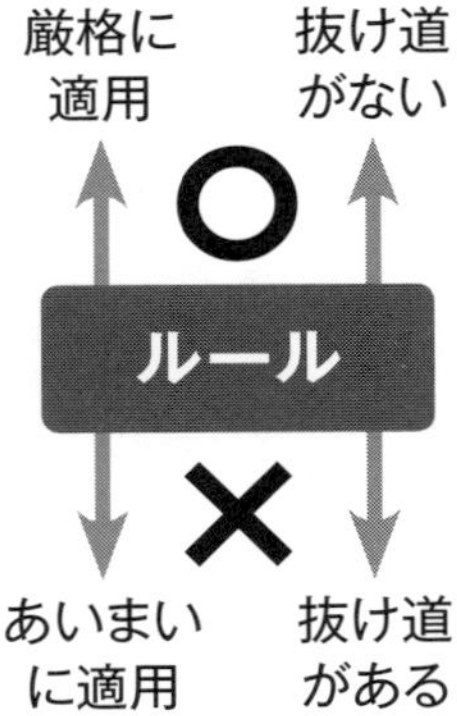

魏《ぎ》の恵王《けいおう》が卜皮《ぼくひ》に言った。

「そなた、わしの評判をどのように聞いておるか」

それに対して卜皮は、

「王は、慈悲深く恵み深いお方と聞いております」

と答えた。そこで王はにっこりとしてたずねた。

「では、わしの将来は明るいものであろうな」

ところが卜皮は、

「いいえ、国を滅ぼしてしまうことになるでしょう」

と答えたため、王は驚いてたずねた。

「慈悲深く恵み深いのは立派な行いだ。それで国を滅ぼすというのはどういうことだ」

卜皮は次のように答えた。

「慈悲深い人は同情心に厚く、恵み深い人は施しを好むものです。同情心に厚いと、罪を犯した者を罰することができません。施しを好むと、功績のない者にまで賞を与えて

読み下し文

魏の恵王、卜皮に謂いて曰わく、子《し》、寡人の声聞《せいぶん》を聞く、亦《ま》た何如《いかん》と。対えて曰わく、臣、王の慈恵なるを聞くと。王、欣《きん》然《ぜん》として喜びて曰わく、然《しか》らば則ち功は且《まさ》に安《いず》くか至らんとするやと。対えて曰わく、王の功は亡ぶに至らんと。王曰わく、慈恵は行の善なり。これを行ないて亡ぶとは、何ぞやと。卜皮対えて曰わく、夫れ慈なる者は忍びずして、恵なる者は与《あた》うるを好むなり。忍びざれば則ち過ち有るものを誅《ちゅう》せず、予《あた》うるを好めば則ち功有るを待たずして賞す。過ち有るに罪せられず、功無きに賞を受く。

しまいます。罪を犯しても罰せられず、功績がなくても賞を受けられるとなれば、国が滅びるのも当然ではありませんか」

亡ぶと雖《いえど》も、亦た可《か》ならずやと。

（内儲説上）

情け深くなりすぎるのは問題

慈悲深く、そして恵み深い。人間としてはとても立派なことである。だが、国を治める君主の場合、それがマイナスに作用するのだという。

現代社会においても、慈悲深く、情け深いというのはもちろんよいことではある。しかし、トップやリーダーが慈悲深く、情け深くなりすぎると問題であろう。なぜなら、ついつい情に流されてしまい、冷静な判断ができなくなるからだ。トップやリーダーには、**情に流されない冷静かつ厳正な判断**が求められるのだ。

情に流されない姿勢が大事

梶くん 部下を率いる者は 情に流されては いかんよ
ええ 鬼の専務の姿勢から 学ばせてもらって ますよ
キミは常に 冷静な判断が できる男だ
いやあ 昔はなかなか うまく いきません でしたけどね
厳しいほうが 部下のためになるのだ と気づくことが できました

可愛がっている部下であっても情に流されるのは禁物だ。

三、功績を立てた者には必ず賞を与えて、臣下の能力を発揮させること

恩賞が薄く、しかもあてにならないとなると、下の者は働こうとしない。
恩賞が厚く、かつ確実に行われるとなれば、下の者は命を惜しまずよく働く。

読み下し文

賞誉薄くして謾《まん》なれば、下《しも》は用《はたら》かず。賞誉厚くして信なれば、下は死を軽んず。

（内儲説上）

「信賞必罰」

必ず恩賞を与えることによって、下の者のやる気や能力を引き出すというわけである。ビジネスでいえば、報酬によって、部下のやる気を引き出すということになろうか。

もちろん、やる気を引き出す方法は報酬を与えることだけではない。しかし、賞罰の運用を確実に行うことが大事なのは、昔も今も同じである。

功績があれば必ず賞を与えて、罪があれば必ず罰する。**賞罰のけじめを厳正にし、確実に行うこと**。「**信賞必罰**」——現代の組織管理においても、こういった部分が必要ではないだろうか。このような「賞」の重要性を伝えるものとして、次のような話がある。

呉起《ごき》は魏《ぎ》の武侯《ぶこう》に仕えて西河《せいか》地方の長官に登用された。国境近くに敵国の秦《しん》の小さなとりでがあって、国境を見張っている。呉起はそれを攻めたいと考えた。そのとりでを除かないと、自国の農民に被害が及ぶ。さて攻めようとすると、そのためにわざわざ軍隊を集めるほどのことでもなかった。

そこで考えた末、車のかじ棒を一本北門の外に立てかけて、布告を出した。

「このかじ棒を南門の外まで運んだ者には、上等の土地と上等の屋敷を与える」

ところが、布告を信じかねて運ぶ者がいない。やっと運ぶ者が出ると、布告どおりの恩賞が与えられた。そして今度は、一石の赤豆を東門の外に置いて、布告を出した。

「この赤豆を西門の外まで運んだ者には、前と同じ褒美を与える」

読み下し文

呉起、魏の武侯の西河の守《しゅ》と為《な》る。秦に小亭有りて境に臨《のぞ》む。呉起これを攻めんと欲す。去らざれば、則ち甚だ田者《でんしゃ》を害し、これを去らんとすれば、則ち以て甲兵を徴《ちょう》するに足らず。是《ここ》に於《お》いて乃ち一車轅《しゃえん》を北門の外に倚《よ》せ、而してこれに令して曰わく、能く此《こ》れを南門の外に徙《うつ》す者有らば、これに上田上宅を賜《たま》わんと。人これを徙す莫《な》し。これを徙す者有るに及び、還《たちま》ちこれに賜うこと令の如し。俄《にわ》かにして又一石《いちせき》の赤菽《せきしゅく》を東門の外に置き、而してこれに令して曰わく、能く此れを西門の外に徙す者有らば、これに賜うこと初めの如しと。人争いてこれを徙すると、人々は先を争ってそれを運んだ。

そこで呉起は新たに布告を出した。

「明日、秦のとりでを攻める。一番乗りした者には、国大夫の地位を与え、上等の土地と屋敷を与える」

人々はわれ先にと馳せ参じた。こうしてとりでを攻めると、あっという間にこれを攻め落とした。


す。乃ち令を下して曰わく、明《めい》日《じつ》、且《まさ》に亭を攻めんとす。能く先登《せんとう》する者有らば、これを国大夫に仕えしめ、これに上田宅を賜わんと。人争いてこれに趨《おもむ》く。是《ここ》に於いて亭を攻め、一朝にしてこれを抜《ぬ》く。

（内儲説上）

恩賞が確実かつ魅力的であれば人々はやる気を起こす

恩賞を与えられることが約束され、かつその恩賞が魅力的なものであれば、人々はやる気を起こすというわけである。

部下のやる気を引き出す――リーダーや管理職として頭を悩ませるテーマではないだろうか。報酬によってやる気を引き出すことについては先に触れたが、一つの方法であることはたしかであろう。

『韓非子』は、恩賞がもたらす影響について次のような話もあげている。

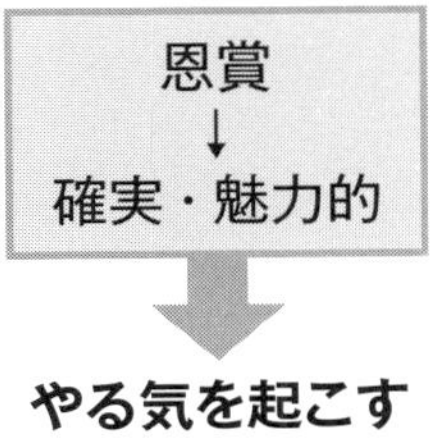
恩賞
確実・魅力的
やる気を起こす

部下のやる気を引き出す　難しい問題ですがとても大事なテーマですね

宋《そう》の都の崇門《しゅうもん》の近くの街に住む人が、あまりにも真剣に親の喪《も》に服したので、ひどくやせ細ってしまった。

そこでお上《かみ》は、親への愛情の深さを評価して、彼を官吏にとりたてた。

すると次の年には、（恩賞を期待して真剣に喪に服したことで）体調を崩して死ぬ者が十人以上も出ることになった。

子が親の喪に服するのは、もともと親への愛情によることだが、それすらも恩賞を与えることによって奨励することができるのである。まして君主が民に臨む場合はなおさらのこと（恩賞が重要）である。

読み下し文

宋の崇門の巷人《こうじん》、喪に服して毀《き》し、甚だ瘠《や》せたり。上《かみ》以て親に慈愛ありと為《な》し、挙げて以て官師と為す。明年、人の毀を以て死する者、歳《とし》に十余人なり。子の親の喪に服する者は、これを愛する為めなり、而《しか》も尚《な》お賞を以て勧《すす》むべきなり。況《いわ》んや君上の民に於《お》けるをや。

（内儲説上）

恩賞の重要性

恩賞の効果がいかに大きいのか、その重要性を伝えたものである。『韓非子』は「**人間は利益によって動くもの**」としている。これがよいか悪いかは別として、人間にはそのような側面があることは否定できない。これは『韓非子』の時代に限らず、現代社会にも通じるものである。

こう考えると、部下のやる気を引き出すためには**報酬が重要なファクターの一つ**であることは間違いないだろう。

繰り返しになるが、部下のやる気を引き出す方法は、報酬によるものばかりではない。だが、「大きな功績をあげて会社に貢献したにもかかわらず見返りが少ない」というのでは、やはりやる気は失《う》せるだろう。一方、「貢献した分の報酬をもらえる」となればやる気も出るというものだ。

だから、『韓非子』の言うように「恩賞」は重要なのである。

恩賞で部下のモチベーションを上げる

よし
おまえたちに
約束しよう
来期の売上を
10%以上
伸ばすことが
できたら
社員全員に
特別報奨金を
出すぞ
社長
そのお言葉に
偽りなしですよね!
オレ
今まで以上に
がんばりますよ!

達成したら必ず恩賞を与えなければならない。そうしないと部下のモチベーションは大きく下がるだろう。

四、臣下一人ひとりの言葉に注意し、発言に責任を持たせること

一人ひとりの言葉を聞き取って判断すれば、臣下の有能無能の区別ができる。
臣下の発言に責任を持たせなければ、確実な比較はできない。

読み下し文

一《いっ》に聴《き》けば則ち愚智分《まぎ》（紛）れず、下を責むれば則ち人臣参《まじ》（雑）らず。
（内儲説上）

ある社員のやる気や能力、スキル、個性などを把握するのは大事なことである。その把握のためには、**社員一人ひとりの言動に注意を払わなければならない**、ということになるだろう。

このことを説明したのが次の話である。

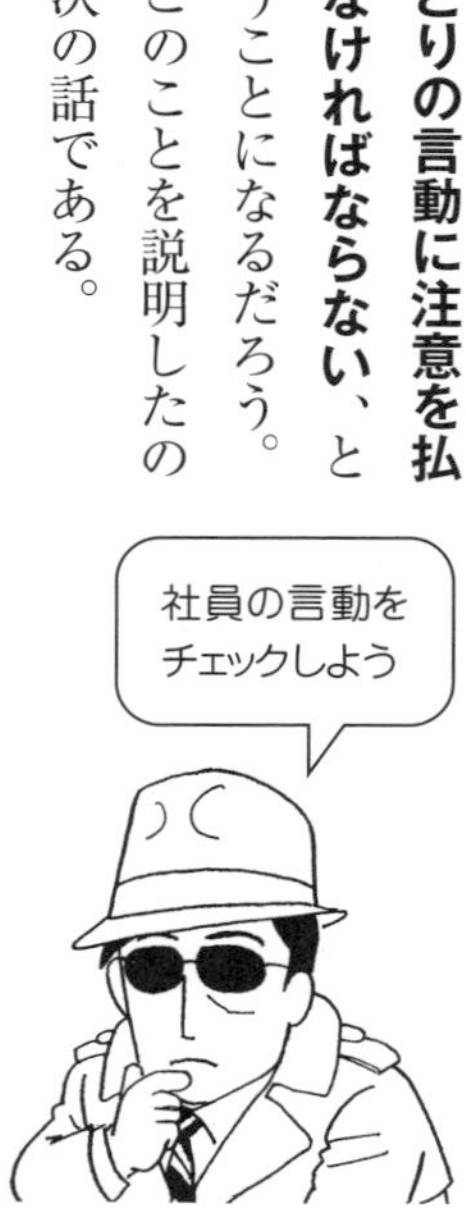
社員の言動をチェックしよう

社員一人ひとりの言動に注意しなければならない

部下の一人ひとりの言動に注意することによって、その人物が有能か無能かを見分けることができるのだという。

会社組織を管理・運営していくうえで、その構成員で

斉《せい》の宣王《せんおう》は、人に竽《う》という笛を吹かせたが、いつも三百人の合奏であった。あるとき、南郭《なんかく》に住む処士《しょし》※たちが王のために笛を吹きたいと願い出た。宣王はそれを気にいって採用した。こうして楽団員の数が数百人にも及んだのである。

やがて宣王が死に、湣王《びんおう》が即位すると、今度は独奏を聴くことを好んだ。これを聞いた処士たちは（自分の低い技量がばれるのを恐れて）逃げ去ってしまった。

また、別の話において、韓《かん》の昭侯《しょうこう》が言った。

「笛を吹く者は大勢だ。わしは誰が上手いのかわからん」

すると田厳《でんげん》が答えた。

「一人ひとりに吹かせてみるとわかりますよ」

※任官をしていない人

読み下し文

斉の宣王、人をして竽を吹かしめ、必ず三百人なり。南郭の処士、王の為めに竽を吹かんことを請い、宣王これを説《よろこ》びて、廩食《りんしょく》すること数百人を以てす。宣王死して湣王立ち、一一にこれを聞かんことを好む。処士逃《に》ぐ。

一に曰わく、韓の昭侯曰わく、竽を吹く者は衆《おお》し。吾れ以て其の善き者を知る無しと。田厳対えて曰わく、一一にしてこれを聴けと。（内儲説上）

一人ひとりに目を向けること

無能な者が集団のなかに紛れ込んでいても気づかないものである。一人ひとりに注目することによって、誰が有能であるか、誰が無能であるかがわかるということである。

社員の言動に注意することについては110ページで触れたが、**個々の社員を把握するためには、一人ひとりに目を向けなければならない。**

一人ひとりに目を向けることとは、個々の社員の能力を引き出すためにも、適材適所に人員を配置するためにも、また優秀な人材を抜擢するためにも重要なことといえるだろう。

社員一人ひとりに目を向ける
↓
社員一人ひとりの能力や個性が把握できる

→ 個々の社員の能力を引き出す
→ 適材適所に人員を配置する
→ 優秀な人材を抜擢する

個々の社員を把握するためには

来週から社員全員と個別の面談を実施する
みんながどんな状況か個別にしっかり把握したいと思ってな追ってスケジュールを伝える
社長と面談…

一人ひとりに目を向ける機会を作ることによって、個々の社員を把握することができる。

五、まぎらわしいことを告げ、思いもよらぬことをたずねてみること

たびたび引見して、もてなしておきながら、しばらく登用しないでおくと、腹黒い相手はさっさと退散する。臣下に対しては、思いもよらないことをたずねてみると、相手はごまかすことができなくなる。

読み下し文

数々《しばしば》見《まみ》え久しく待《たい》して任ぜざれば、姦《かん》則ち鹿散《ろくさん》す。人を使いて他を問えば、則ち私《し》を鬻《ひさ》がず。（内儲説上）

思いもよらないことを質問してみる

相手が思いもよらないことをたずねてみる。すると相手は驚き、また動揺して、思わず本音を漏らすことになるのだろう。

ときには**部下に思いもよらないことを質問してみる**。よい意味での緊張感を与えることになったり、率直な意見を聞くことができたりするかもしれない。部下操縦法の一つといえよう。

思いもよらないことを言うことの効用を説明したものとして次のような話がある。

思わぬ質問が思わぬ効用を生むこともありますよ

商《しょう》（宋《そう》）の宰相が、少庶子《しょうしょし》（官名の一つ）を市場の見回りに行かせた。戻ってきたところで、宰相がたずねた。

「市場で何か見かけなかったか」

「いいえ、何も見かけていません」

「そうは言っても、何か見たであろう」

宰相がさらに問うと、少庶子は次のように答えた。

「そういえば、市場の南門の外は牛車でいっぱいになっていて、やっと通れるほどでした」

「よし、お前にたずねたことは、誰にも言ってはならんぞ」

宰相はこう口止めすると、市場の役人を呼びつけて叱りつけた。

「市場の門の外は牛の糞《ふん》でいっぱいではないか」

市場の役人は、宰相がこれほど早く知っていることに驚き、それからは職務を怠ることがなくなった。

読み下し文

商の太宰《たいさい》、少庶子をして市に之《ゆ》かしむ。顧反《かえ》りてこれに問いて曰わく、何をか市に見たると。対《こた》えて曰わく、見ること無しと。太宰曰わく、然《しか》りと雖《いえど》も何をか見たると。対えて曰わく、市の南門の外に甚だ牛車衆《おお》く、僅《わず》かに以て行くべきのみと。太宰因《よ》りて使者を誡《いまし》む、敢《あ》えて人に吾れの女《なんじ》に問う所を告ぐること無かれと。因りて市吏を召して、これを誚《せ》めて曰わく、市門の外、何ぞ牛屎《ぎゅうし》多きやと。市吏甚だ太宰の知ることの疾《はや》きを怪《あや》しみ、乃ち其の所に悚懼《しょうく》せり。

（内儲説上）

ときには部下に緊張感を与えることも必要

市場の役人にしてみれば、「まさか宰相が市場の門の外の様子を知るはずはないだろう」と思うのは当然である。だが、そのまさかで叱られたのである。思いもよらないことを言って、部下を緊張させるということである。

仕事中はいつも緊張続きというのは問題だが、一定の緊張感を持って仕事に取り組むべきではないだろうか。仕事に慣れてくると往々にして緊張感は薄れていくものである。気持ちが緩んでいくと、それがミスへとつながる。そうならないためにも、**ときには部下に緊張感を与えることも必要**なのだろう。

仕事に慣れてくる
緊張感が薄れる
ミスが起こる
思いもよらないことを言う
緊張感を与えることによってミスを防ぐ

ときには緊張感を与えることも

松ちゃん
昨日もレモン・ハートで飲んでたわね
えっ
しらばっくれてもダメ 私はお見通しよ
マスターに電話して松ちゃんのこと聞いたんだから……でも！
よく飲んでられるわね
松ちゃん原稿の締切は明後日なのよわかっているの!?
松ちゃんには飲ませないようマスターに言っておくわ
松田 緊張する

緊張感が薄れると仕事は停滞気味になるもの。このようなやり方も効果的である。

六、知っているのに知らないふりをして、たずねてみること

自分で知っていることでも知らないふりをしてたずねてみると、知らなかったことまでわかってくるものだ。一つのことについて深く知ると、隠されていた多くのことが次々とわかってくる。

読み下し文

智（知）を挟《はさ》みて問えば、則ち智《し》らざる者も至り、深く一物を智らば、衆穏皆な変ず。

（内儲説上）

部下掌握のテクニックの一つ

自分が知っていることを知らないふりをして質問してみる。すると、知らなかったことまで答えがかえってくるのだという。

わざと知らないふりをするというのは、相手をだましているような気もするが、ときには必要な場面もあるのかもしれない。**対人関係や部下掌握のテクニック**の一つといえるのではないだろうか。

知らないふりをして部下の心を知ろうとする話に次のようなものがある。

ボクも取材で相手の話を引き出すときに使うことがあるよ

韓《かん》の昭侯《しょうこう》は爪《つめ》を切り、爪の一つを手のなかに隠して、

「爪を一つなくした。早く探してくれ」

と側近たちをせきたてた。すると、ひとりが自分の爪を切って、

「見つかりました」

と嘘をついて差し出した。

昭侯はそうした方法で側近たちが必ずしも誠実でないことを見抜いたのである。

読み下し文

韓の昭侯、爪を握り、而して佯《いつわ》りて一爪《そう》を亡《うしな》うとして、これを求むること甚だ急なり。左右、因《よ》りて其の爪を割《さ》きてこれを効《いた》す。昭侯此れを以て左右の不誠を察す。（内儲説上）

知らないふりをして相手を探る

部下の人柄、またその心理を見抜くために、知らないふりをして、あるはずのない爪を探させたのである。

知らないふりをしてみる。そうすることによって相手はどのような反応をするのか、その反応によって相手の性格や心理状態を探るというものである。知らないふりをしてとぼけてみる――相手がどのような人物なのかを見抜くには、有効な方法かもしれない。

相手がどのような人物かを見抜くテクニックといえますね

七、あべこべのことを言い、反対のことを行ってみせること

あべこべのことを言い、反対のことを行ってみせて、疑わしい相手を試してみると、悪事の状況が明らかになる。

読み下し文

言を倒《さかさま》にして事を反《はん》し、以て疑う所を嘗《こころ》むれば、則ち姦情《かんじょう》得らる。

（内儲説上）

反対のことを言って相手の真意や真相をつかむ

反対のことを言って、相手を試してみる。その反応によって、相手の真意や真相をつかむのだという。

わざと反対のことを言って相手の反応をみる。これもまた、相手をだますことにはなる。前項と同様、相手をだましてその様子をうかがうのだから、「不誠実」「汚い」と非難されることもあるかもしれない。だが、『韓非子』は、トップはこのくらいのしたたかさを持たなければならないとしているのであろう。

このことを説明した話に次のようなものがある。

子之《しし》は燕《えん》の大臣であった。座についているとき、わざと偽って側近たちにこう言った。

「いま門から走って出たものは何だろう。白馬ではないか」

「いいえ、見えませんでした」

側近たちはみな正直に答えたが、一人だけ走って追いかけた者がいて、

「白馬がいました」

と嘘の報告をした。

子之はこうした方法で、側近たちのなかから誠実でない者を見つけ出したのである。

読み下し文

子之、燕に相たり。坐して佯《いつわ》り言いて曰わく、走りて門を出《い》づる者は何ぞ。白馬なりやと。左右皆な見えずと言う。一人有り、走りてこれを追い、報じて有りと曰う。子之、此れを以て左右の誠信ならざるを知る。

（内儲説上）

相手がどのような人物かを見抜くテクニック

白馬など見ていないのに、白馬を見たと反対のことを言って、部下たちがどのような人物なのかを探ったわけである。これも**相手がどのような人物かを見抜くテクニック**の一つといえるだろう。

また、部下が信頼できるか、誠実に仕事を行っているかを確かめる方法として、次のような話がある。

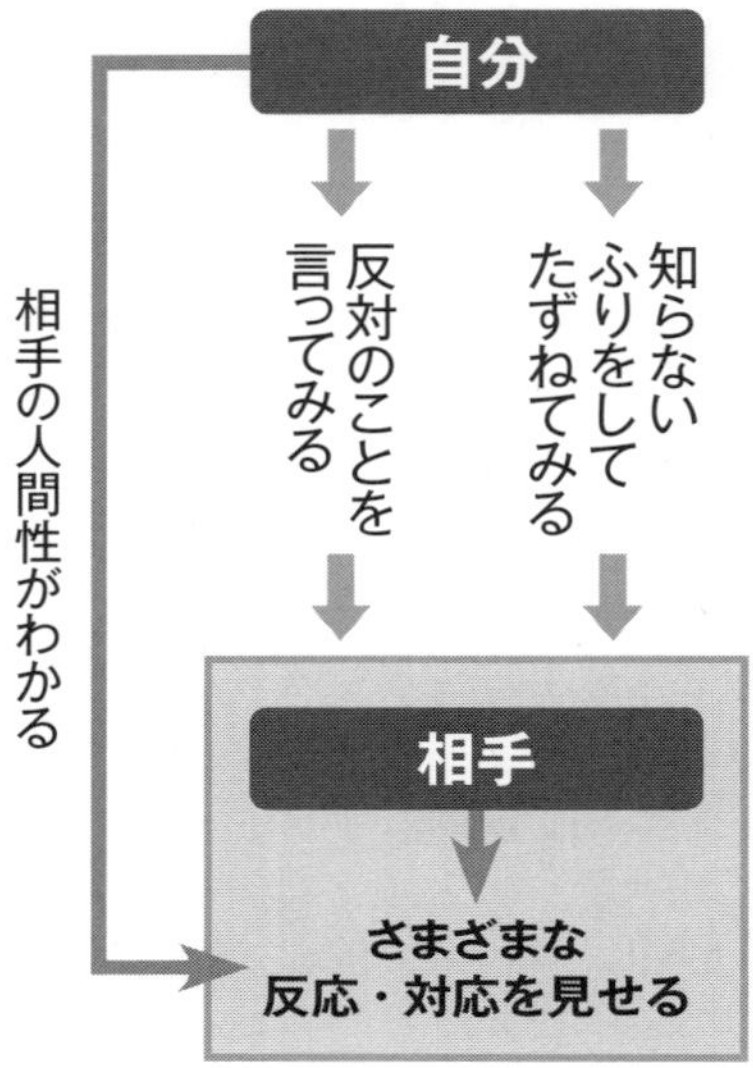

自分
知らないふりをしてたずねてみる
反対のことを言ってみる
相手
さまざまな反応・対応を見せる
相手の人間性がわかる

トップにはしたたかさが必要

知らないふりをしたりわざと反対のことを言って相手の反応や出方を見るんだ
もしそいつがご機嫌をとるために同調したりその場を取り繕おうとしたりするようなヤツならこのさきも信用はできないだろう
それはそうですけど…
なんだか相手をだましているみたいですね
トップにはそのくらいのしたたかさが必要なのさ
きれいごとだけじゃやっていけないよ

相手をだましているようだが、このくらいのしたたかさも必要なのかもしれない。

衛《えい》の嗣公《しこう》は、臣下の一人に旅人のふりをさせ、関所を通らせた。関所の役人は彼を厳しく調べたが、金をつかませると、すぐに見逃してくれた。

その後、嗣公は関所の役人に向かってこう言った。

「これこれの時、旅人がそちの関所を通ったことがあろう。そちは金をもらってその旅人を見逃したな」

役人はふるえあがり、嗣公は何もかもお見通しだと思った。

読み下し文

衛の嗣公、人をして客と為りて関市を過《よぎ》らしむ。関市苛《きび》しくこれを難《はば》む。因りて関市に事《つか》うるに金を以てするに、関吏乃ちこれを舎《はな》つ。嗣公、関吏に為《い》(謂)いて曰わく、某時《ぼうじ》、客有り、而《なんじ》の所を過《よぎ》る。汝に金を与え、而して汝因りてこれを遺《や》ると。関市乃ち大いに恐れ、而して嗣公を以て明察と為す。

(内儲説上)

サクラを使って部下をチェック

サクラを送り込んで部下の行動を調べて、部下の不正を暴き出したのである。徹底した部下管理といえよう。

もちろんここまですることはないが、上司としては、**部下の勤務態度や仕事の状況などをしっかりと把握しておくべき**なのは言うまでもない。

さまざまな方法で部下の行動などを把握するべきということだ

コラム

『韓非子』の説話 その4

ごまかしがきくもの

これも『韓非子』からの話だ
これから松ちゃんが絵を描くとしよう
もっとも簡単に描ける絵の題材はなんだと思う？
えっなんだろう？犬とかかな？
いや犬は難しいほうさ
正解は「化物」だ
えっなんで!?
化物なんて誰も見たことないでしょ
見たことなければどうにでも描けるだろ
ごまかしがきくってことさ

斉王《せいおう》のために絵を描く食客がいた。あるとき、斉王が彼にたずねた。「いったい何を描くのが難しいのか」。すると「犬や馬でございます」と答えた。「では何がやさしいか」と問うと「化物でございます」と答えた。

そもそも犬や馬は誰もが知っていて、毎日その現物を目にしている。だからそれをその通り描くのは難しい。一方、化物は、もともと形がなく、誰も見たことがない。どう描いてもいいからやさしいというわけである。

読み下し文

客に斉王の為めに画く者有り。斉王問いて曰わく、画くこと孰《いず》れか最も難き者ぞと。曰わく、犬馬最も難しと。孰れか最も易き者ぞと。対えて曰わく、鬼魅《きみ》最も易しと。夫《そ》れ犬馬は人の知る所なり。旦暮《たんぼ》に前に罄《み》（俔）えて、これを類すべからず、故に難し。鬼魅は無形の者にして、前に罄えず、故にこれを易しとするなり。

（外儲説左上）

第5章

警戒すべき六つの「微」

この章のテーマは六つの「微」についてだよ　部下を使う際に注意すべき点として参考になるんだ

トップが警戒すべき六つの「微」とは？

六微《りくび》――六つの「微（臣下の隠しごと）」とは、次のようなことである。

一、君主の権勢を臣下に貸し与えること。
二、君主と利害の異なる臣下が外部の力を借りること。
三、臣下がトリックを使うこと。
四、臣下が利害の対立につけこむこと。
五、上下の秩序が混乱し内部に勢力争いが起こること。
六、敵国の謀略に乗せられて臣下を任免すること。

この六つについては、君主がよく観察して見抜くべきことである。

読み下し文

六微。一に曰わく、権借《けんか》（貸）して下に在り。二に曰わく、利異《こと》なりて外に借る。三に曰わく、似類《じるい》に託す。四に曰わく、利害に反する有り。五に曰わく、参疑《さんぎ》して内に争う。六に曰わく、敵国廃置《はいち》す。此の六者は主の察する所なり。

（内儲説下）

六つの「微」
部下が隠し持っている思惑

『韓非子』は、「トップが警戒しなければならない、また見抜かなければならない部下の隠しごと」として、六つの「**微**」をあげている。

「**微**」とは、「隠」を意味していて、部下が腹のなかに隠し持っている思惑のことである。トップはこれらのことに惑わされてはならないと説いているのだ。現代ビジネスにおいても、部下を使う際の留意点として参考になるところがあるだろう。

この章では、これら六つの「**微**」について見ていくことにする。

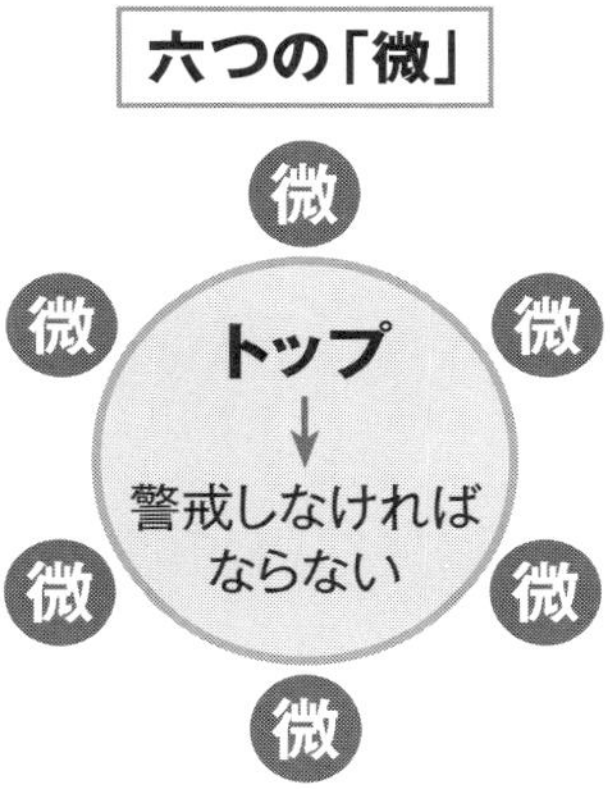
六つの「微」
微
微
微
トップ
警戒しなければならない
微
微
微

部下の思惑を警戒する

部下も人間腹のなかではいろいろと考えているものです
トップや部下を持つ立場の人はそれを警戒しなければなりません会社組織を維持・運営していくために必要なことなのです

部下を持つ立場の人にはとても参考になるだろう。

一、君主の権勢を臣下に貸し与えることに警戒する

君主の権勢を臣下に貸し与えてはならない。

君主が一を失えば、臣下のほうではそれを百にして利用する。だから、臣下が権勢を借り受ければ、臣下の勢力は増大する。

そうなると、内外の者がこぞって臣下のために働くようになり、君主は隔離された状態となる。

読み下し文

権勢は以て人に借《か》（貸）すべからず。上《かみ》其の一を失えば、臣は以て百と為す。故に臣は借るを得れば則ち力多く、力多ければ則ち内外用を為し、内外用を為せば則ち人主壅《ふさ》がる。

（内儲説下）

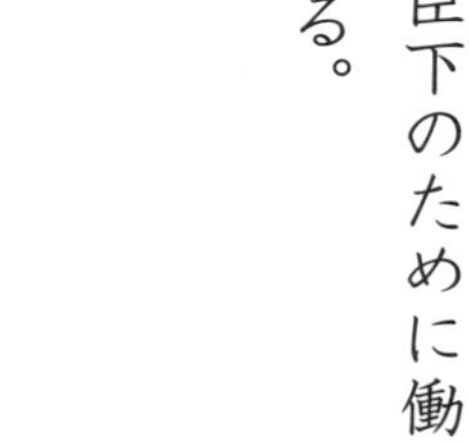

部下が権限を握ることの弊害

部下に権限を握られてはならない。

なぜなら、部下が権限を握ると、部下の勢力は増大し、トップがコントロールできなくなるからだという。現代の組織においても、同様のことがあるのではないだろうか。

このことを説明した話として、次のようなものがある。

州侯《しゅうこう》が楚《そ》の国の宰相となると、権限を一手に握って、国政を執りしきった。楚王は彼のやることに疑念を抱き、周りの臣下にたずねた。

「宰相のやり方に非はないか」

しかし、臣下たちはみな

「ありません」

と答え、まるで一人の口から出たかのように一致していた。

読み下し文

州侯、荊《けい》に相たり。貴くして断《だん》を主《つかさど》る。荊王これを疑い、因りて左右に問う。左右対えて曰わく、有ること無しと。一口に出づるが如し。（内儲説下）

権限を失ったトップは飾り物

部下たちは権限を握った人物の言いなりになるということである。

ということは、権限を失ったトップは、トップとは名ばかりで、ただの飾り物に過ぎないといえる。だから、**うかつに権限を渡してはならない**のである。現代にも通じることかもしれない。

たとえば、仮に予算や人事などの主要な権限を一人の役員が握ったとしよう。そうなれば、形のうえでは社長が存在しても、実質的にはその役員が会社を動かすことになる。すると、会社の社員たちは、社長ではなくその権限を握った役員に従うことになるだろう。

そうなってしまうと、社長はただの飾り物に過ぎないと言わざるを得ない。つまり、**部下へ権限を与えるときには気をつけなければならない**ということである。

また、これは、「権限移譲の難しさ」ともいえるかもしれない。

トップが権限を失うと……

へえ… よく飲みに来ていた 伊藤社長 引退したんだ
まだまだ やる気あった のにね どうしたん だろう……
取締役会で 代表取締役を 解任されたことによる 不本意の引退ですって
えっ どういうこと!? どうして 解任されたの？
副社長の権限が 強くなって 上層部がみんな 副社長側についてしまったそうです

このように権限を失うとその座さえ失うことがある。

二、君主と利害の異なる臣下が外部の力を借りることを警戒する

君主と臣下とでは利害が異なる。だから、臣下が真に忠誠であることはない。

臣下が利を得れば、君主は利を失う関係にある。だから、腹黒い臣下は敵の軍を誘いこんで、国内の自分の邪魔者を除き、国外の問題に注意を引きつけて君主の目をくらます。

自分の利益にさえなれば、国の害など考えないのである。

読み下し文

君臣の利は異《こと》なり。故に人臣は忠莫《な》く、故に臣の利立ちて主の利は滅ぶ。是《ここ》を以て姦臣《かんしん》は、敵兵を召《まね》きて以て内に除き、外事を挙げて以て主を眩《まど》わす。苟《いやし》くも其の私利を成して、国の患《うれ》いを顧《かえり》みず。

（内儲説下）

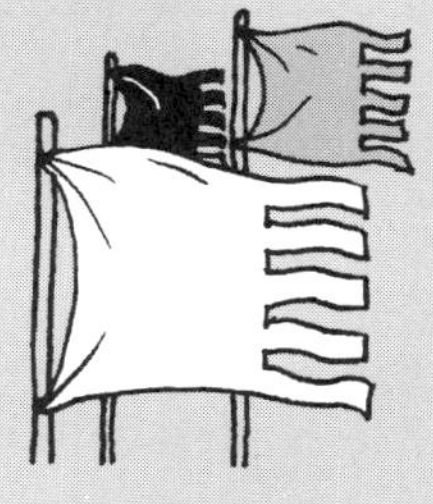

トップと部下の利害関係

トップと部下とでは利害が異なる。だから、部下の忠誠に期待をかけてはならないのだという。「部下を厳しい目で見るべき」と『韓非子』は説いている。

この利害の違いは、現代の会社組織においても同じであろう。たとえば、トップは、市場におけるシェアの拡大や売上増を目指して、販売エリアの拡大や優秀な人材の引き抜きなどを考えるだろう。

ところが、部下の立場からすると、もしも販売エリアが拡大されたら、「新規顧客の獲得や営業回りに今まで以上の労力がかかることになる」と考えるかもしれない。また、優秀な人材が入ってくれば、「自分の地位や立場が脅かされる」と不安に感じる可能性もあるだろう。

つまり、たとえ会社にとってプラスとなるはずのことであっても、部下にしてみれば、できれば避けたいと思うことだってありうるのだ。

トップと部下とでは利害が異なることについての説明に次の話がある。

部下の思惑はさまざま

食品メーカーに勤務している高岡くんは悩んでいた
事業拡大のために会社は海外に工場の建設を進めているそのプロジェクトのメンバーに彼が選ばれたのだ
ところが彼は外国語が大の苦手プロジェクトにはかかわりたくなかった
それを上司に言えずにいた……

海外への事業拡大をトップが望んでも、社員がそれに取り組みたいと思うとは限らない。

衛《えい》の国のある夫婦がお祈りをした。妻はこのように願った。

「どうかわたしたちが無事でありますように、そして百束の布をお恵みください」

「ばかに少ないな」

と夫が言うと、妻は答えた。

「これより多いと、あなたが妾《めかけ》を持つようになるからです」

読み下し文

衛《えい》人《ひと》に夫妻の禱《いの》る者有り。而して祝《しゅく》して曰わく、我れをして故《こと》無く、百束《そく》の布を得しめよと。其の夫曰わく、何ぞ少なきやと。対えて曰わく、是れより益《ま》さば、子《し》将《ある》いは以て妾《しょう》を買わんと。

（内儲説下）

身近な人物の間でも利害は異なる

夫婦という身近な人物の間でも利害が異なることをいったものである。トップと部下との間ではなおさらということだ。

先に触れたが、利害という面から見ると、『韓非子』のいうようにトップと部下とでは異なる部分があることは現代でも同じだ。部下に対する厳しい目を持つとともに**部下の利害に注意**すべきであろう。

三、臣下がトリックを使うことを警戒する

臣下がトリックを用いると、君主は刑罰の適用を誤るだろう。
その君主の誤りを利用することで、大臣は私利私欲を満たす。

読み下し文

似類《じるい》の事は、人主の誅を失する所以《ゆえん》にして、大臣の私を成す所以なり。（内儲説下）

トップの目をあざむくためのからくりに注意

部下の虚偽の報告など、**トップの目をあざむくためのからくりによって、判断を誤る危険性**について述べたものである。

部下がトップの目をあざむくために意図的に虚偽の報告をするかどうかは別として、報告を鵜呑みにせず、真実の報告であるかを確認する。そのくらいの用心深さが必要とはいえよう。

このことを説明した話に次のようなものがある。

トップや部下を持つ立場の人には「用心深さ」も求められるのです

斉《せい》の国に夷射《いや》という中大夫の官職の者がいた。あるとき、王に招かれて酒をふるまわれ、すっかり酔ってしまった。そこで、外に出て門に寄りかかって休んでいた。すると、足切りの刑を受けた門番がこうねだった。

「お酒が残っていましたら、どうかお恵みのほどを」

「しっ、あっちへ行け。囚人あがりの分際で、このおれさまに酒をねだるとは」

門番は引き下がったが、夷射が立ち去ると、門の軒下あたりに小便をしたように水をまいておいた。

翌日、王が門に出てきて、門番に怒鳴りつけた。

「誰がこんなところで小便をしたのだ」

「それは見ませんでしたが、ただ昨夜、中大夫の夷射様がそこに立っておいででした」

そこで王は夷射を咎《とが》めて殺してしまった。

読み下し文

斉の中大夫に夷射という者有り、飲《いん》に王に御《ぎょ》す。酔うこと甚だしくして出で、郎（廊）門に倚《よ》る。門者刖跪《げっき》請いて曰わく、足《そく》下《か》、これに余瀝《よれき》を賜うに意無きかと。夷射曰わく、叱《しっ》、去れ。刑余《けいよ》の人、何事ぞ乃ち敢《あ》えて飲を長者に乞《こ》うと。刖跪走り退く。夷射の去るに及びて、刖跪因《よ》りて水を郎門の霤《りゅう》下に捐《す》て、溺者《じょうしゃ》の状に類せしむ。明日《めいじつ》、王出でてこれを訶《か》して曰わく、誰か是《ここ》に溺せるやと。刖跪対《こた》えて曰わく、臣は見ざるなり。然《しか》りと雖《いえど》も、昨日《さくじつ》中大夫夷射、此《ここ》に立てりと。王因りて夷射を誅してこれを殺す。

（内儲説上）

トリックによって事実を誤認する

門番のトリックによって、王は刑罰の適用を誤ったのである。王をあざむく門番のからくりによって、事実を誤認し、罰する必要のない者を罰してしまった。事実かどうかを確認していれば避けられていたはずである。これは王の責任と言わざるを得ないだろう。

ただこの話は、**人から恨みを買うと、それが自分に跳ね返ってくる**という恐さを伝えているともいえる。そのまま現代にも通じることである。不用意な言動で人に恨まれ、自分の首を絞めることになる場合もある。くれぐれも気をつけたい。

さらに次のような話もある。

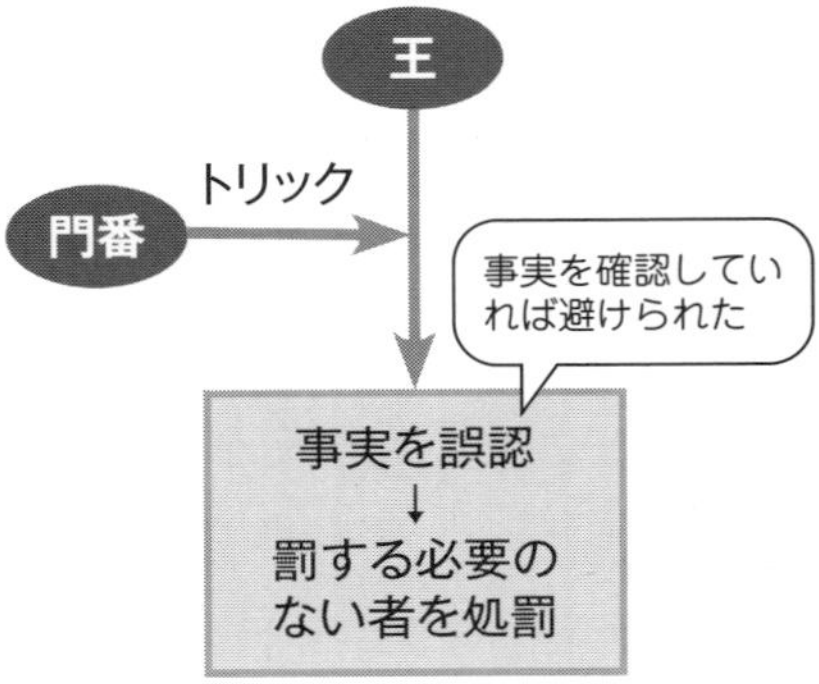
王
トリック
門番
事実を確認していれば避けられた
事実を誤認
↓
罰する必要のない者を処罰

人を陥れるトリック

いったい どうしたんだよ 山本
ついこないだまで あれだけ仕事熱心だった おまえがさ
会社に 行くのを いやがる なんて……
じつは 上司に 叱られた んです
それが理由?
いえ その翌日に 体調を崩して 会社を休んだら
上司に叱られたせいで 会社をサボったと 同僚に噂を流され……
上司は それを信じて しまい…
やる気のない社員という レッテルを貼られて しまったんです

噂を鵜呑みにしてはならない。このようなケースもあるのだから。

楚《そ》の王が寵愛していた側室に鄭袖《ていしゅう》という者がいた。

あるとき、王が新しく美女を手に入れたところ、鄭袖はその女にこう教えた。

「王様は人が手で口もとを覆い隠す姿がとてもお好きなのです。王様にお近づきになるときには必ず口を覆いなさい」

そこで、美女はお目通りした際、王の側に寄ると、言われた通りに口もとを覆った。

王がそのわけをたずねると、鄭袖が答えた。

「あの人は、以前から王様の臭いが嫌いだと申しておりました」

その後、王と鄭袖と美女の三人が一堂に会する機会があった。鄭袖は、前もって王のお付きの者にこのように言っておいた。

「王様が何か言われたら、すぐにその通りに実行するので

読み下し文

荊王《けいおう》の愛する所の妾《しょう》に鄭袖なる者有り。荊王新たに美女を得たり。鄭袖因《よ》りてこれに教えて曰わく、王は甚だ人の口を掩《おお》うを喜ぶ。為《も》(若)し王に近づけば、必ず口を掩えと。美女入りて見《まみ》え、王に近づくや因りて口を掩う。王其の故を問う。鄭袖曰わく、此れ固《もと》より王の臭《しゅう》を悪《にく》むと言うと。王と鄭袖・美女と三人の坐するに及び、袖因りて先きに御者《ぎょしゃ》を誡《いまし》めて曰わく、適《も》(若)し言有れば、必ず亟《すみや》かに王の言に聴従《ちょうじゅう》せよと。美女前《すす》みて王に近づき、甚だ数〻《しばしば》口を掩う。王悖然《ぼつぜん》として怒りて曰わく、これを劓《はなそ》げと。

すよ」

さて、美女は前に進んで、王の側に寄ると、何度も繰り返して口もとを覆った。王はかっとして怒鳴った。

「こやつを鼻そぎの刑にせよ」

お付きの者は刀をとるや、美女の鼻を切り落とした。

御者因りて刀を揄《ぬ》きて美人を劓ぐ。（内儲説下）

身近な者だからといって安心はできない

トップの力を使ってライバルを倒す。何とも恐ろしい話であるが、身近なところにトップの判断を狂わせる者がいるということを説いたものである。

自分の身近なところにいる者に対しては、だれもが気を許しがちになる。だが、気を許してはならない場合もあるのだ。**トップは常に用心深くなければならない**のである。

側近の人選に気をつける

わしが社長だったころ……
側近の人選には気をつけたものだよ
出世のためにライバルを陥れるような者は
結局は会社にとってマイナスになるからな

トップは自分の近くに置く者を慎重に選ぶべき。

四、臣下が利害の対立につけこむことを警戒する

何か事件が起こったとき、それによって利益を得る者がいれば、その者が主謀者である。逆に損害を受ける者がいれば、その者と利害の反する者をよく調べなければならない。

したがって、明君は、国に損害をもたらすような事件が起こったら、それで利益を得た者を調べる。また、臣下が損害をこうむるような事件が起こったら、その臣下と利害が反する者を捜すものだ。

読み下し文

事起こりて利する所有れば、其の尸《し》これを主《つかさど》る。害する所有れば、必ず反《かえ》りてこれを察す。是《ここ》を以て明主の論ずるや、国の害には則ち其の利ある者を省《かえり》み、臣の害には則ち其の反する者を察す。

（内儲説下）

人は複雑な利害関係のなかに身を置いている

何か事件が起きたとき、そこには利害の対立がある。そして利害関係を調べることによって、事件の真相がつかめるのだという。

人は複雑な利害関係のなかに身を置いている。だから、利害の対立があるのは当然である。これは『韓非子』の時代も今も同じである。いや、現代のほうが利害関係はより複雑になっており、関係が込み入っているといえよう。

このことについて説明した話に次のようなものがある。

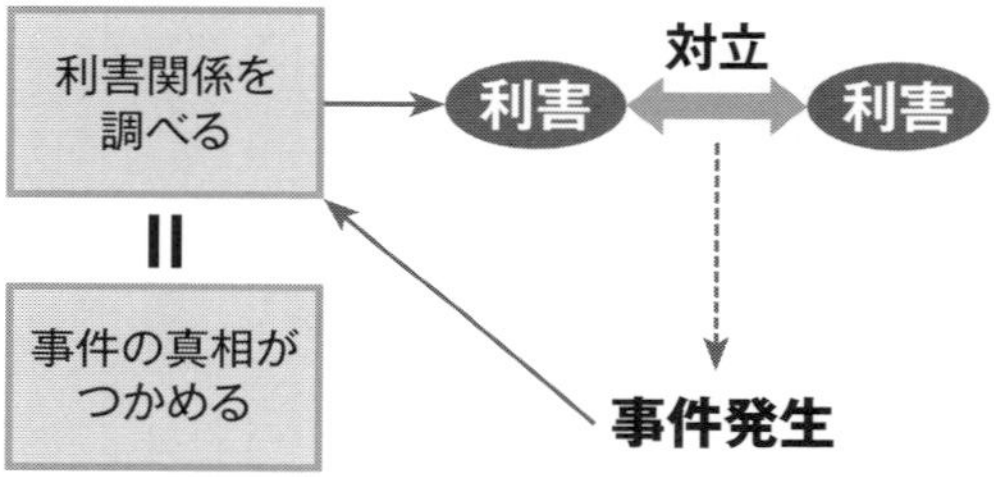
利害関係を調べる
＝
事件の真相がつかめる
対立
利害
利害
事件発生

さまざまな利害の対立

先輩！じつはボク…社内に彼女ができたんですけど……
よかったじゃないか
でも ボクの上司も彼女のことを気に入っていたみたいで
上司の恨みを買っちゃって…
おいおいややこしい三角関係だな
そうなんです上司の態度が急に厳しくなって……
もう会社に行きたくないんです

会社では出世競争や社内の派閥だけでなく、このような利害の対立もありうるかも。

晋《しん》の文公《ぶんこう》のときであった。あるとき、料理番が文公に焼肉を差し出したところ、その肉に髪の毛がからまっていた。文公は料理番を呼びつけて、こう責めた。

「お前はわしののどをつまらせたいのか。どうして髪の毛を肉にからませたのだ」

料理番は地面に額をこすりつけて謝った。

「わたくしめ、死に値する罪を三つ犯してしまいました。包丁は砥石《といし》でよく砥いでありますので、まるで名剣の干《かん》将《しょう》のようによく切れます。しかし肉はよく切れましたのに、髪の毛は切れませんでした。これが第一の罪です。そして串に肉を刺したとき、髪の毛は見えませんでした。これが第二の罪です。さらに、炉の炭を真っ赤におこしてあぶったので、肉はよく焼けましたのに、髪の毛は焼けませんでした。これが第三の罪です。もしや、下役の方々のなかに、私を憎んでいる者がいるのではないでしょうか」

読み下し文

文公の時、宰臣炙《あぶりにく》を上《たてまつ》る、而して髪これに繞《めぐ》る。文公、宰人を召してこれを誚《せ》めて曰わく、女《なんじ》寡人《かじん》の哽《むせ》ぶを欲するか。奚《なん》為《す》れぞ髪を以て炙に繞らすやと。宰人頓首《とんしゅ》再拝し、請いて曰わく、臣に死罪三つ有り。礪《といし》を援《と》りて刀を砥《と》ぎ、利《するど》きこと猶《な》お干将のごときなり。肉を切るに、肉を断《た》ちて髪断たず。臣の罪の一なり。木を援《と》りて臠《れん》を貫《つらぬ》き、而して髪を見ず。臣の罪の二なり。熾《し》炉《ろ》を奉じ、炭火尽《ことごと》く赤紅、而して炙は熟《じゅく》して髪は焼けず。臣の罪の三なり。堂下に臣を疾《にく》(嫉)む者有る微《な》(無)きを得んやと。公曰わく、

「なるほど、わかった」

文公は下役の者たちを集めて取り調べると、はたしてその通り真犯人が見つかり、その者を処刑した。

善しと。乃ち其の堂下を召してこれを譙《せ》む。果《は》たして然り。乃ちこれを誅す。（内儲説下）

利害関係に注意

利害が対立する者を陥れようとしたものである。つまり、料理番と文公の下役の誰かとの間で、利害の対立があったのだろう。

現代のビジネス社会においても、利害が対立することはよくあることだ。対立する者を陥れようとしたり、相手の足を引っ張ろうとしたりすることもあるだろう。複雑に利害がからむ現代社会。**利害関係には注意**すべきであろう。

利害関係について説明した話には、さらに次のようなものもある。

思いがけない利害関係

マスター聞いてよ！今日の取材相手がすっごく態度の悪い人でさ！
よくよく理由を聞いてみると仲の悪い知り合いとオレが似ていたからだって！
関係ないのに嫌われたわけ！
ドーン！
災難だったね……

こちらに非がなくても、相手側の事情によって、一方的に敵視されることも。

昭僖侯《しょうきこう》が入浴すると、湯のなかに小石が入っていた。僖侯は左右の者にたずねた。

「風呂番が免職の場合、代わりの者は決まっているのか」

側近の者が答えた。

「決まっております」

「では、その者を呼んでまいれ」

この男がやってくると、僖侯は叱責した。

「そなたは、どうして小石を湯のなかに入れたのだ」

男が答えて言うには、

「風呂番が免職になれば、私が代わりに召し抱えていただけます。それで小石を湯のなかに入れたのです」

読み下し文

僖侯浴《よく》す。湯の中に礫《こいし》有り。僖侯曰わく、尚浴《しょうよく》免ぜらるれば、則ち当《まさ》に代わるべき者有りやと。左右対《こた》えて曰わく、有りと。僖侯曰わく、召し来たれと。これを譙《せ》めて曰わく、何為《なんす》れぞ礫を湯の中に置くやと。対えて曰わく、尚浴免ぜらるれば、則ち臣これに代わるを得《う》。是《ここ》を以て礫を湯の中に置きたりと。

（内儲説下）

利害関係が事件を引き起こす

この話もまた利害関係が事件を引き起こしたというものである。自分がその地位に就きたいから、今その地位にある者の足を引っ張る。現代ビジネス社会でも、同じようなことが起こりうるだろう。だから、繰り返しになるが、**利害関係にはくれぐれも注意**したいものだ。

五、上下の秩序が混乱し内部に勢力争いが起こることを警戒する

上下の秩序の混乱は、内紛の起こる原因である。だから明君は、そうした争いが起こらないように気を配るのである。

読み下し文

参疑《さんぎ》の勢《せい》は、乱の由《よ》りて生ずる所なり。故に明主はこれを慎む。

（内儲説下）

内紛に警戒すること

内部に勢力争いが起こるのは、現代組織においてもよくあることではないだろうか。トップは、そういった勢力争い、**内紛が起こらないよう十分に警戒しなければならない**、と『韓非子』は説いているのだ。

このことを次の話で説明している。

内紛の原因とは

どうして同じ仲間同士で争いが起きるのだろう？
出世欲とか嫉妬心とかさまざまな感情が原因となるんだろうな

内紛の火種を見逃してはならない。

楚《そ》の成王《せいおう》は商臣《しょうしん》を太子としていたが、やがて公子の職《しょく》を太子に立てようとした。商臣もその話を耳にしたが、もうひとつ確かなことがわからない。そこで、守り役の潘崇《はんすう》に相談した。

「どのようにして確かめようか」

と商臣がたずねると、潘崇はこう答えた。

「叔母上（王の妹）の江芈《こうび》様をごちそうにお招きになり、わざと粗末に扱ってごらんなさい」

商臣が言われた通りにすると、招かれた江芈は言った。

「フン、くだらない奴。これじゃ王様がそなたを退けて、職を太子に立てようとなさるのも当然だわ」

商臣は潘崇に言った。

「噂は本当であった」

そこで、潘崇は商臣にこう問いかけた。

「では、職殿に仕えてゆくことができますか」

読み下し文

楚の成王、商臣を以て太子と為す。既にして公子職を置《た》てんと欲す。商臣これを聞くも、未《いま》だ察せざるなり。乃ち其の傅《ふ》の潘崇に為《い》（謂）いて曰わく、奈何《いか》にしてこれを察せんやと。潘崇曰わく、江芈を饗《きょう》して敬する勿《な》かれと。太子これを聴く。江芈曰わく、呼《ああ》、役夫《えきふ》。宜《うべ》なり、君王《くんのう》の女《なんじ》を廃して職を立てんと欲するやと。商臣曰わく、信《まこと》なりと。潘崇曰わく、能くこれに事《つか》えんかと。曰わく、能《あた》わずと。能く諸侯に之《ゆ》（適）かんか。曰わく、能わずと。能く大事を挙げんか。曰わく、能くせんと。是《ここ》に於いて乃ち宿営の甲を起

「それはできない」
「では、他国に身を寄せられますか」
「それもできない」
「では、思い切った手に出ますか」
「そうしたい」

こうして商臣は、近衛兵を動員して、宮中に攻め込み、成王を捕えた。成王は、熊の掌《てのひら》の料理を食べてから死にたいと願った。だが、許されず、そのまま自殺した。

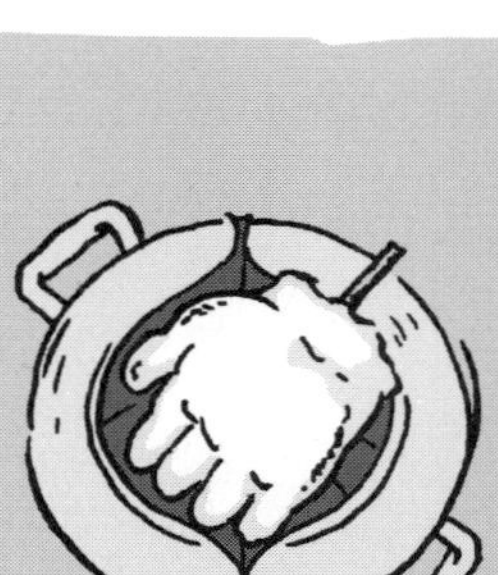

こして、成王を攻む。成王、熊《ゆう》膰《はん》を食いて死せんことを請うも、許されず。遂に自殺す。

（内儲説下）

後継者争いは内紛を生む

後継者争いによって王は命を落としたのである。

後継者争いはどこの世界にもあるものだが、現代組織においても、後継者をめぐるトラブルには注意しなければならない。後継者選びは、慎重のうえにも慎重を期す必要がある。

そして**何より大事なのは、トップ自身の態度**であろう。決断したら、それを安易に覆すようなことをしてはならない。決定を覆すようなことをすれば、それが内紛のもとになる。場合によっては、大きな争いに発展することもあるからだ。

六、敵国の謀略に乗せられて臣下を任免することに警戒する

敵国はこちらの君主の判断を狂わせて、謀略を成功させようと狙っている。

君主がこのことに注意しないと、謀略に乗せられて、臣下の任免を誤ってしまう。

読み下し文

敵の務むる所は、察を淫《みだ》して靡《ひ》(非)を就《な》(成)すに在り。人主察せざれば、則ち敵廃置《はいち》す。

(内儲説下)

外部に対しても用心深く

敵はこちらに対するさまざまな策略をめぐらしているが、その策に引っかかってはならない。もし、計略に乗せられると、組織の人事を誤ってしまうことになるというものである。

トップは用心深く、慎重に対処すべきであることはこれまでにも述べられてきたが、これは内部に対しても、外部に対しても必要な姿勢ということであろう。

このことを説明した話として次のようなものがある。

対立する相手の計略にはは気をつけよう

晋《しん》の叔向《しゅくきょう》が周《しゅう》の萇弘《ちょうこう》を失脚させようとして偽りの手紙を書いた。それは萇弘から自分自身にあてた手紙になっている。文面はこうである。

「叔向殿に申し上げます。晋の君にお伝え願います。『かねてお約束の時期が到来しました。すぐに軍をさし向けていただきたいものです』と」

叔向はわざとその手紙を周の王の宮廷の庭に落とすと、急いでその場を立ち去った。

その手紙について知った周の王は、萇弘が周の国を売り渡したものと考え、萇弘を処刑した。

読み下し文

叔向の萇弘を譖《ざん》するや、書を為《つく》る、曰わく、萇弘、叔向に謂いて曰わく、子《し》、我が為めに晋の君に謂え。君と期する所の者、時可《か》なり。何ぞ亟《すみや》かに兵を以《ひき》いて来たらざると。因りて佯《いつわ》りて其の書を周君の庭《てい》に遺《おと》して、急に去りて行く。周、萇弘を以て周を売ると為し、乃ち萇弘を誅してこれを殺す。

（内儲説下）

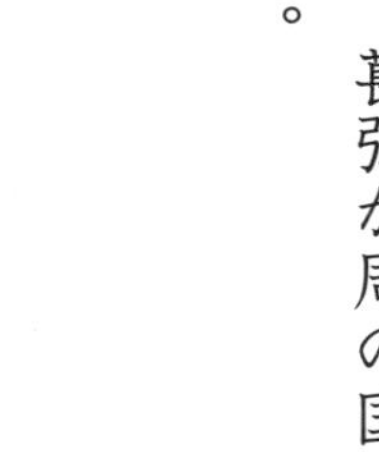

警戒には警戒を重ねるべき

偽の手紙で相手を陥れる。狡猾《こうかつ》なやり口であるが、現代においてもこういったことはあるだろう。たとえば、ライバルを失脚させるために、「経営方針に不満を持っている」「上司や取引先の悪口を言っていた」などと偽りの噂を流すのである。アンフェアな手口だが、起こりうることではある。だからトップは偽りの情報などに惑わされないように、**警戒には警戒を重ねるべき**だろう。

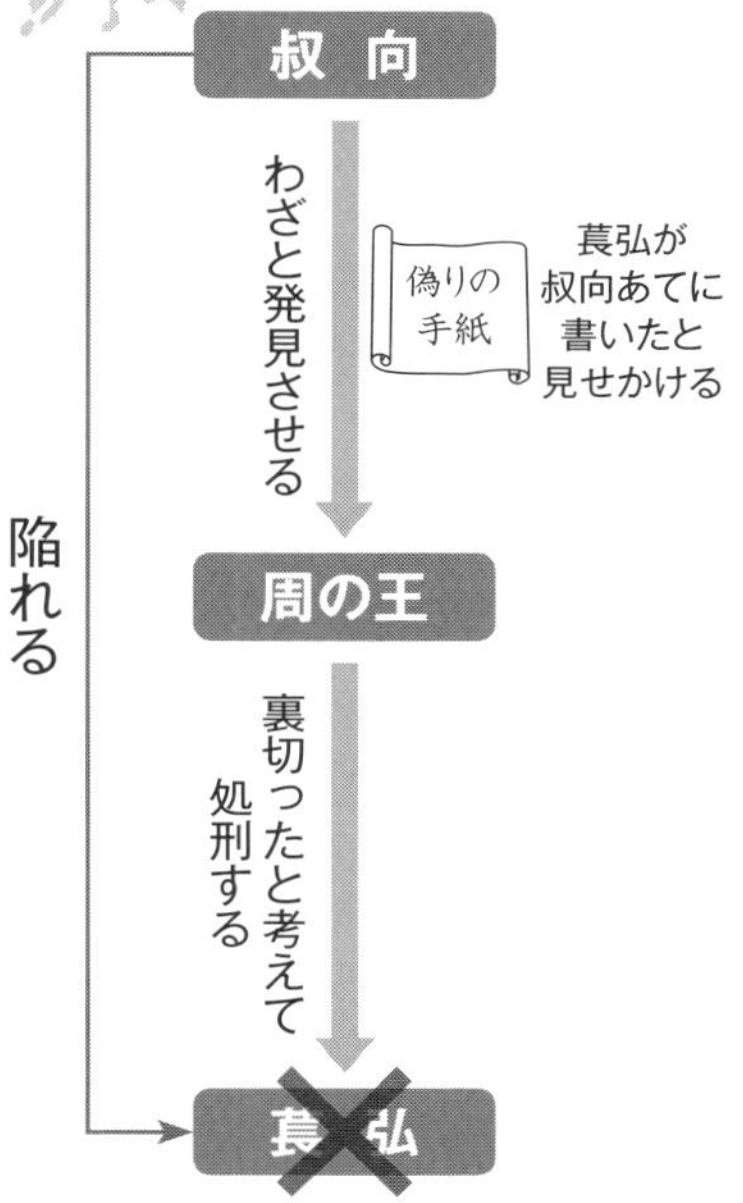
叔向
わざと発見させる
偽りの手紙
萇弘が叔向あてに書いたと見せかける
周の王
裏切ったと考えて処刑する
萇弘
陥れる

関係をこじれさせる悪質な計略

おい　おまえがオレの悪口を言っているって聞いたぞ
いったいどういうつもりなんだよ！
えっ
先輩違います！
そんなわけないじゃないですか
じゃあなんで社内で噂になってるんだよ？

二人の関係をこじらせるために意図的に噂を流した者がいたというケースである。このような計略に乗せられてはならない。

郢書燕説（えい しょ えん せつ）

「郢書燕説」というのはこじつけてもっともらしく説明することをいう言葉ですが
受け取った手紙の間違えて書かれていた内容を都合よく解釈して実行したところかえってうまくいったという話がもとなんです

たまたまうまくいった……つまりはまぐれ当たりってことですか
そういわれるとたしかにそうですね
だからうまくいってもあまり自慢はできませんよね

楚《そ》の都の郢《えい》の人で燕《えん》の国の宰相に手紙を書き送った者がいた。夜に書いていて明かりが暗いので、燭《しょく》を持っている者に、「燭を挙げよ」と言った。そのときつい間違って「燭を挙げよ」と書いてしまった。それは手紙の主意とは無関係である。

ところが、燕の宰相は手紙を受け取ると、それを解釈してこう言った。「燭を挙げるとは明かりをかかげることだ。明かりをかかげるとは賢者を任用することだ」。燕の宰相はそれを王に進言すると、王は大いに喜び、賢人を用いたので、国はよく治まった。治まることは治まったが、それは手紙の主意ではなかったのである。今の学者というのは、みなこんなものである。

読み下し文

郢人《えいひと》、燕の相国《しょうこく》に書を遺《おく》る者有り。夜書して、火明らかならず。因りて燭を持つ者に謂いて曰わく、燭を挙げよと。而して過《あやま》って燭を挙げよと書す。燭を挙げよとは、書の意に非ざるなり。燕の相、書を受けてこれを説《と》きて曰わく、燭を挙ぐとは明を尚《たっと》ぶなり。明を尚ぶとは賢を挙げてこれに任ずるなりと。燕の相、王に白《もう》し、王大いに説《よろこ》び、国以て治まる。治は則ち治なるも、書の意に非ざるなり。今の世の学者、多く此の類に似たり。（外儲説左上）

第6章

気をつけるべき十の「過ち」

最終章は、気をつけるべき十の「過ち」についてだ
現代にも通じる教訓といえるだろう

気をつけなければならない身を滅ぼす十の「過ち」

十の「過《あやま》ち」とは、次の通りである。

一、小さな忠義にこだわると、大きな忠義をさまたげることになる。

二、小さな利益にとらわれると、大きな利益を損なうことになる。

三、気ままにでたらめをし、外国の諸侯に無礼なことをしていると、わが身を滅ぼすことになる。

四、政治をそっちのけにして音楽に熱中していると、自分を苦境に追い込むことになる。

五、欲に目がくらみ、利益ばかり求めていると、国も自分の身も、ともに滅ぼすことになる。

六、女の歌や舞に夢中になり、国政を顧みないと、国を滅

読み下し文

十過《じゅっか》。一に曰わく、小忠を行なわせるは、則ち大忠の賊《ぞく》なり。二に曰わく、小利を顧みるは、則ち大利の残《ざん》なり。三に曰わく、行ない僻《かたよ》りて自用し、諸侯に礼無きは、則ち身を亡ぼすの至りなり。四に曰わく、治を聴くに務めずして五音を好むは、則ち身を窮《きゅう》するの事なり。五に曰わく、貪愎《たんぷく》にして利を喜《この》むは、則ち国を滅ぼし身を殺すの本《もと》なり。六に曰わく、女楽《じょがく》に耽《ふけ》り、国政を顧みざるは、則ち国を亡ぼすの禍《わざわ》いなり。七に曰わく、内を

ぼすことになる。
七、国を離れて遠方に遊び、諫める者をないがしろにしていると、身を危うくすることになる。
八、過失を犯しながら、忠臣の意見を聞かず、意地を通そうとすれば、名声を失い、世間の笑い者となる。
九、自分の力をわきまえず、外国の力を頼っていると、国を削られることになる。
十、小国なのに礼をわきまえず、諫める臣下の言葉に耳を貸さないと、家系が絶えることになる。

離れて遠遊し、而《しか》して諫士《かんし》を忽《ゆるが》せにするは、則ち身を危うくするの道なり。八に曰わく、過ちながら忠臣に聴かず、而して独《ひと》り其の意を行なうは、則ち高名を滅ぼして人の笑いと為《な》るの始めなり。九に曰わく、内は力を量《はか》らず、外は諸侯を恃《たの》むは、則ち国削《けず》らるるの患《うれ》いなり。十に曰わく、国は小にして礼無く、諫臣《かんしん》を用いざるは、則ち世〔継ぎ〕を絶《た》つの勢《せい》なり。（十過）

トップが犯しがちな十の「過ち」

「**十過**」――君主が身を滅ぼし、国を失うに至る十の「過ち」。『韓非子』は、右にあるように、君主が犯しがちな過ちを十の項目に分類している。

これらは現代にも通じるものであり、トップに限らず、ビジネスパーソンが気をつけなければならない十の「過ち」ともいえよう。

続いて、この「**十過**」篇のなかからいくつかの話を取り上げ、過ちの事例を紹介していこう。

小さな忠義と大きな忠義
自制心の大切さ

「小さな忠義」とは、どういうことか。

昔、楚《そ》の共王《きょうおう》が鄢陵《えんりょう》で晋《しん》の厲公《れいこう》と戦った。楚の軍は敗れ、共王自身も目に傷を受けるという大事があった。

その戦いのさなかに楚の将軍の司馬子反《しばしはん》は喉の渇きを覚え、水を求めた。そこでお付きの豎穀陽《じゅこくよう》は、杯に酒をついで差し出した。

「だめだ、酒ではないか」

と子反は言ったが、

「いいえ、酒ではありません」

と穀陽が答えたので、子反は受け取ってそれを飲んだ。子反はもともと酒好きだったため、「これはうまい」と一口飲むと、もう杯から口を離すことができず、すっかり酔っ

読み下し文

奚《なに》をか小忠と謂う。昔者《むかし》、楚の共王、晋の厲公と鄢陵に戦い、楚師敗《やぶ》れて、共王は其の目を傷《きず》つく。酣戦《かんせん》の時、司馬子反《しばしはん》渇《かわ》きて飲まんことを求む。豎穀陽、觴酒《しょうしゅ》を操《と》りてこれを進む。子反曰わく、嘻《ああ》、退けよ、酒なりと。穀陽曰わく、酒に非ざるなりと。子反受けてこれを飲む。子反の人と為《な》りや、酒を嗜《この》む。而してこれを甘《うま》しとし、口に絶つこと能《あた》わずして酔う。戦い既に罷《や》み、共王は復《ま》た戦わんと欲して、人をして司馬子反を召《め》

ぱらってしまった。

その日の戦いは終わり、共王は、明日の戦いの相談のために子反を呼びにやった。だが、子反は胸が痛むと言って出かけるのを断った。そこで、共王は自ら車で子反のもとに出向いたが、陣の幕をくぐるや、酒の臭いが鼻についた。そして共王はそのまま引き返した。

「今日の戦いでは、このわしまで傷ついた。あとの頼みとするのは、将軍だけだ。ところが、その将軍があの通り酒に酔っている。これは楚の国のことなど忘れ果て、わが軍がどうなってもかまわぬということだ。もう戦いはやめるぞ」

共王はこう言うと、軍を引きあげて国に帰り、大罪を犯したとして子反を斬った。

穀陽が子反に酒を勧めたのは、それで恨みをはらそうとしたわけではない。むしろ忠義を尽くそうとしたのだが、それがかえって子反を殺すことになったのである。

さしむ。司馬子反、辞するに心《しん》疾《しつ》を以てす。共王駕《が》して自《みずか》ら往き、其の幄中《あくちゅう》に入り、酒の臭《におい》を聞《か》ぎて還《かえ》る。曰わく、今日の戦い、不穀《ふこく》親《みずか》ら傷つき、恃《たの》む所の者は司馬なり。而るに司馬又《また》酔うこと此《か》くの如し。其れ楚国の社稷《しゃしょく》を亡《わず》(忘)れて吾が衆を恤《あわれ》まざるなり。不穀、復た戦う無からんと。是《ここ》に於《お》いて師を還して去り、司馬子反を斬りて以て大戮《たいりく》と為す。故に豎穀陽の酒を進むるは、以て子反に讎《あだ》せんとするにあらず、其の心これに忠愛にして、而《しか》も適々《たまたま》以てこれを殺すに足る。故に曰わく、小忠を行なわせるは、則ち大忠の賊《ぞく》なりと。（十過）

だから私は言うのだ。
「小さな忠義にこだわると、大きな忠義をさまたげることになる」と。

好きだからとのめり込んでしまうのは禁物

お付きの者は、真心を尽くして将軍に仕えようとした。つまり、忠義を尽くそうとしたのである。だが、酒を勧めるという小さな忠義が将軍の身を滅ぼすことになったのである。上に立つ者は、その行為が大きな忠義をさまたげることにならないか、それを判別しなければならないということであろう。

また、**好きだからとのめり込んでしまうのは禁物**である。ビジネスシーンにおいても、自分の感情や欲望を抑えなければならない場面に遭遇することはよくあることだ。この話は、**状況を考え、自らを制することの大切さ**を教えてくれているともいえよう。

小さな親切が相手の不幸を招く

前田さん日頃のお礼に今日はボクがおごりますよどんどん飲んでください
ありがとうございます！
その翌日
大西商事K.K
二日酔いの前田さんは仕事でミスばかり……

親切心が相手に悪い結果をもたらすこともある。

感情や欲望を抑制するためには意志が強くなければなりません

小さな利益にとらわれてはならない 大局的な視点を持つ

「小さな利益にとらわれる」とは、どういうことか。

昔、晋《しん》の献公《けんこう》は、虞《ぐ》の国の道を借りて虢《かく》の国を攻めようと考えた。このとき、荀息《じゅんそく》という家臣がこう進言した。

「垂棘《すいきょく》から出た璧玉《へきぎょく》と屈《くつ》で産した馬四頭を贈って、通り道を貸してくれるよう申し入れることです。必ず道を貸してくれるでしょう」

「垂棘の璧玉は先代から伝わった宝物、屈の馬四頭はわしのかけがえのない駿馬《しゅんめ》だ。もし向こうが贈り物だけ受け取って、道を貸さなかったらどうするのだ」

荀息は答えた。

「道を貸すつもりがなければ、きっとこちらの贈り物は受け取らないでしょう。もし贈り物を受け取って道を貸したら、

読み下し文

奚《なに》をか小利を顧みると謂う。

昔者《むかし》、晋の献公、道を虞に仮《か》(借)りて以て虢《かく》を伐《う》たんと欲《ほっ》す。荀息曰わく、君其れ垂棘の璧と屈《くつ》産《さん》の乗《じょう》とを以て虞公に賂《まいな》い、道を仮《か》らんことを求めよ。必ず我れに道を仮さんと。君曰わく、垂棘の璧は吾が先君の宝なり、屈産の乗は寡人《かじん》の駿馬なり。若《も》し吾が幣《へい》を受けて吾れに道を仮さざれば、将《まさ》に奈何《いかん》せんとするやと。荀息曰わく、彼、我れに道を仮さざれば、必ず敢《あ》えて我が幣を受けず。若し我が幣を受けて我れ

しめたものです。宝物は内倉から外倉に移したのと同じこと。馬も内庭の馬屋から外庭の馬屋につなぎかえたのと同じことです。ご心配には及びません」

「わかった」

と献公は言って、荀息を使者として、垂棘の璧玉と屈の馬四頭を虞公《ぐこう》に贈り、道を貸すように申し入れた。

虞公は贈り物の璧玉と馬に目がくらみ、申し入れを受けようとした。それを見て、宮之奇《きゅうしき》という臣下が諫めた。

「受け入れてはなりません。わが虞にとって、虢は車とそえ木のようなものです。そえ木は車に寄りかかり、車はそえ木に寄りかかる。虞と虢とは持ちつ持たれつの関係です。もし道を貸したら、虢が滅びたその日のうちに虞も滅びることになるでしょう。なりません。どうかお受けにならないように」

だが虞公は聞き入れず、道を貸してしまった。

荀息は虢を攻略して帰国し、三年たつとまた兵を起こして虞を攻め、これを打ち破った。荀息は贈っていた馬を引き連れ、

に道を仮さば、則ち是れ宝は猶《な》おこれを内府より取りてこれを外府に蔵するがごとく、馬は猶おこれを内厩《ないきゅう》より取りて外厩に著《お》(居)くがごときなり。君憂うること勿《な》かれと。君曰わく、諾《だく》と。乃ち荀息をして乗棘の璧と屈産の乗とを以て、虞公に賂いして道を仮るを求めしむ。虞公其の璧と馬とを貪《むさぼ》り利として、これを許さんと欲す。宮之奇諫めて曰わく、許すべからず。夫《そ》れ虞の虢有るは、車の輔《ほ》有るが如し。輔は車に依り、車は亦た輔に依る。虞・虢の勢は正《まさ》に是れなり。若しこれに道を仮さば、則ち虢は朝に亡びて、虞は夕べにこれに従わん。不可《ふか》なり。願わくは許す勿かれと。虞公聴かず、遂《つい》にこれに道を仮す。荀息、虢を伐ちてこれに克《か》ち、

璧玉を持って帰って献公に捧げた。献公はこう言って喜んだ。

「璧玉はもとのまま、おまけに馬の歯は伸びたことよ」

虞公が戦いに敗れ、その領土が削られたのはなぜか。目先の利益にとらわれ、そのためにのちに害を招くことを考えなかったからである。

だから私は言うのだ。

「小さな利益にとらわれると、大きな利益を損なうことになる」と。


還反《かんはん》して処《お》ること三年、兵を興して虞を伐ち、又これに剋《か》つ。荀息、馬を牽《ひ》き璧を操《と》りて、献公に報ず。献公説《よろこ》びて曰わく、璧は則ち猶お是《か》くのごとし。然りと雖《いえど》も、馬歯は亦た益〻《ますます》長ぜりと。故に虞公の兵殆《あやう》くして地の削《けず》らるる者は何ぞや。小利を愛して其の害を慮《はか》らざればなり。故に曰わく、小利を顧みるは、則ち大利の残《ざん》なりと。（十過）

人はつい目先の利益につられがち

目先の小さな利益にとらわれ、大きな損害をこうむったわけである。小さな利益にとらわれ、大きな利益を失ってしまう。現代でもよくあることではないだろうか。

人は欲深いもの。ついつい目の前の利益につられてしまいがちである。


では、そうならないためにはどうすればよいのだろう。その答えの一つが「**大局的な視点で物事を見ること**」といえるのではないだろうか。物事を大きく全体で見て、大局的に判断することができれば、目先の利益にとらわれることもないだろう。

「**大局的な視点を持つ**」――とても大事なことである。

常識をわきまえ、礼儀正しくあること

「でたらめをする」とは、どういうことか。

昔、楚《そ》の霊王《れいおう》が申《しん》の地で諸侯を集めて会合をとりしきった。

その際、宋《そう》の太子が遅れて参加したので、霊王はこれをとらえて幽閉した。そのうえ、徐《じょ》の君主に侮辱をあたえ、斉《せい》の大夫である慶封《けいほう》を拘留した。

これを見て、中射《ちゅうや》という官職の者が諫めた。

「諸侯の会合を開いたら、無礼は許されません。これは、国家の存亡にかかわることです。昔、夏《か》の桀王《けつおう》は、有戎《ゆうじゅう》の地で会合を開いたあと、有緡《ゆうびん》に背《そむ》かれました。また殷《いん》の紂《ちゅう》王《おう》は黎丘《れいきゅう》で軍事演習を行ったあと、戎狄《じゅうてき》に背かれました。いずれも無礼があったからです。どうかよくお考えくだ

読み下し文

奚《なに》をか行ない僻《かたよ》ると謂う。

昔者《むかし》、楚の霊王、申の会を為《な》す。宋《そう》の太子後《おく》れて至るや、執《とら》えてこれを囚《しゅう》し、徐の君に狎《な》れ、斉の慶封を拘《とら》う。中射の士諫めて曰わく、諸侯を合するには、礼無かるべからず。此れ存亡の機なり。昔者、桀は有戎の会を為して、有緡これに叛き、紂は黎丘の蒐《しゅう》を為して、戎狄これに叛く。礼無きに由るなり。君其れこれを図《はか》れと。君聴かず。遂《つい》に其の意を行なう。居《お》ること未《いま》だ期年《きねん》ならず、霊王南

さい」

だが、霊王はそれを聞き入れず、好き勝手なふるまいを続けた。

それから一年もたたないうちに、臣下たちは謀反を起こした。霊王が南方に出かけたときに、臣下たちは謀反を起こした。そのため、霊王は乾渓《けんけい》の近くで餓死することになった。

だから私は言うのだ。

「気ままにでたらめをし、外国の諸侯に無礼なことをしていると、わが身を滅ぼすことになる」と。

礼儀正しくふるまう

霊王は、非常識で無礼なふるまいによって無用な摩擦を起こし、それが原因で身を滅ぼしたのである。

「礼儀正しくふるまう」——これもまた、このまま現代にもあてはまることである。そもそも無礼で非常識では社会人失格である。常に常識をわきまえ、礼儀正しくありたいものだ。ところが、地位や立場が上になるにつれ、言動や態度が横柄になっていく人もいるのではないだろうか。そういった意味でも、人の上に立つ人間には、ことさら求められることといえるだろう。


遊するに、群臣従いてこれを劫《おびや》かし、霊王は飢《う》えて乾渓の上《ほとり》に死せり。故に曰わく、行ない僻りて自用し、諸侯に礼無きは、則ち身を亡ぼすの至りなりと。

（十過）

本拠地を留守にしないこと

「国を離れて遠方に遊ぶ」とは、どういうことか。

昔、斉《せい》の田成子《でんせいし》は遠方の海岸に出かけ、そこがすっかり気に入った。そこで、家臣たちにこう命令した。

「よいか、国に帰ろうと言う者がいたら死刑にするぞ」

すると、顔涿聚《がんたくしゅう》という重臣が、

「海を楽しむのは結構ですが、お留守の間に国を乗っ取ろうとする者が現れたらどうなさいます。そうなったら、もはや海を楽しむどころではありません」

と諫めた。

「国に帰ろうと言う者がいたら死刑にすると命令したはずだ。今、そなたはわしの命令に背いたな」

田成子は矛《ほこ》を引き寄せて打ちかかろうとした。顔涿聚は、

読み下し文

奚《なに》をか内を離れて遠遊すと謂うや。昔者《むかし》、田成子海に遊びてこれを楽しむ。諸大夫に号令して曰わく、帰《き》を言う者は死せんと。顔涿聚曰わく、君、海に遊びてこれを楽しむも、臣に国を図《はか》る者有るを奈何《いかん》せん。君これを楽しむと雖《いえど》も、将《はた》安《いずく》んぞ得んと。田成子曰わく、寡《か》人《じん》令を布《し》きて、帰を言う者は死せんと曰えり。今、子《し》は寡人の令を犯《おか》すと。戈《か》を援《ひ》きて将《まさ》にこれを撃《う》たんとす。顔涿聚曰わく、昔、桀は関竜逢を殺

「昔、夏《か》の桀王《けつおう》は忠臣の関竜逢《かんりょうほう》を殺し、殷《いん》の紂王《ちゅうおう》は王子の比干《ひかん》を殺しました。もし暴君に殺された忠臣を三人にされるおつもりであれば、どうか私を殺してください。私が申し上げたのは国を思ってのこと、わが身のためにではありません」

と言って首をさしのべて、詰め寄りながら、

「さあ、ご存分になさってください」

と迫った。

考え直した田成子は矛を捨て、すぐに車の支度をさせて国に帰った。そして、帰国して三日後に、田成子は自分を国に入れまいとする陰謀があったことを知った。

田成子がのちに斉の実権を握るようになれたのは、顔涿聚の諫言のおかげである。

だから私は言うのだ。

「国を離れて遠方に遊び、諫める者をないがしろにしていると、身を危うくすることになる」と。


し、而して紂は王子比干を殺す。今君は臣の身を殺して以《もっ》てこれを三にすと雖も、可《か》なり。臣の言は国の為めにす、身の為めにするに非《あら》ざるなりと。頸《くび》を延《の》べて前《すす》みて曰わく、君これを撃てと。君乃《すなわ》ち戈を釈《す》て駕《が》を趣《うなが》して帰る。至りて三日にして、国人に田成子を内《い》れざらんと謀《はか》る者を聞く。田成子遂《つい》に斉《せい》国を有《たも》つ所以《ゆえん》の者は、顔涿聚の力なり。故に曰わく、内を離れて遠遊するは、則ち身を危うくするの道なりと。（十過）

もっとも確実なのは当事者の自分がそこにいること

トップ不在では組織が乱れる。だから「トップは本拠地を留守にしてはならない」ということを説いたものであろう。

では、現代ビジネスにおいてはどうであろうか。やはり本拠地を留守にすることは望ましいとはいえないだろう。たとえば、組織のトップであれば、組織全体を把握することが求められる。営業マンであれば、自分の担当エリアの状況をつかんでおかなければならない。さまざまな方法で状況を知ることは可能だが、**もっとも確実なのは当事者の自分がそこにいること**であろう。だから自分の本拠地を留守にすることは望ましくないのである。

私もレモン・ハートを留守にするわけにはいきません

社長が会社を留守にしていると

なあ うちの社長が困ったことになっててさ
えっ 困ったことって？
ああ 社長が海外ばかりに目を向けていて
あちこち視察に出かけて長いこと会社を留守にしてるんだ
社長の決裁がないと仕事は進められないし
あれこれ業務に支障をきたしてるんだ
社長が会社にいてくれないと困るってこと
早く気づいてほしいよ
大変そうだな…

トップが会社を留守にしていると、業務に支障をきたすことも。

自分の実力をわきまえること

「自分の力をわきまえない」とは、どういうことか。

昔、秦《しん》が韓《かん》の宜陽《ぎよう》を攻め、韓が危機に陥ったときのこと、韓の宰相の公仲朋《こうちゅうほう》が王（襄王《じょうおう》）に進言した。

「同盟国は頼りになりません。張儀《ちょうぎ》を通じて秦と和解するのが得策でしょう。しかるべき町を秦に献上し、連合して南の楚《そ》を攻めるのです。こうすれば、秦の脅威を楚に向けることができ、我が国は安全です」

「よし、わかった」

襄王は、さっそく公仲朋を派遣して、秦と和解しようとした。

楚の懐王《かいおう》はこのことを耳にすると大いに驚いた。慌てて外交顧問の陳軫《ちんしん》を呼んだ。

読み下し文

奚《なに》をか内に力を量《はか》らずと謂うや。昔者《むかし》、秦の宜陽を攻むるや、韓氏急なり。公仲朋、韓の君に謂いて曰わく、与国《よこく》は恃《たの》むべからざるなり。豈《あ》に張儀に因りて和を秦に為《な》すに如《し》かんや。因りて賂《まい》うに名（大）都を以てして、而して南して与《とも》に楚を伐《う》たん。是れ患《うれ》いは秦に解けて害は楚に交《か》（易）わるなりと。君曰わく、善しと。乃ち公仲の行を警《いまし》め、将《まさ》に西して秦に和せんとす。楚王これを聞きて懼《おそ》れ、陳軫を召してこれに告げて曰わく、韓朋将

「韓の公仲朋が秦と手を結ぼうとしている。どうしたらよいだろう」

陳軫が答えた。

「秦は領土を手にいれて、精強な兵を動員し、韓と連合して楚を討つ。これこそ、秦王の長年の野望にほかなりません。これは、わが国にとって容易ならぬ事態です。すぐにも韓に使者を立てることです。たくさんの車をそろえ、贈物をどっさり持たせて、使者にこう言わせるのです。『わが国は小国とはいえ、すでに全軍に動員令を発し、貴国を援助する所存。どうか意を強くして秦に当たってください。ぜひ使者を派遣して、わが軍の動員ぶりをごらん願いたい』と」

そこで韓が使者を楚に送ってくると、楚の懐王は道に兵車や騎兵を並ばせておいて、使者に言った。

「韓王に報告願いたい。『わが楚の軍はいままさに国境に向かって進撃するところだ』と」

に西して秦に和せんとす。今将に奈何《いかん》せんと。陳軫曰わく、秦は韓の都一つを得て、其の練甲《れんこう》を駆《か》り、秦と韓と一と為りて、以て南して楚に郷《むか》う。此れ秦王の廟祠《びょうし》して求むる所以《ゆえん》なり。其の楚の害為《た》らんこと必《ひっ》せり。王其れ趣《すみや》かに信臣を発し、其の車を多くし其の幣《へい》を重くして、以て韓に奉じて曰わしめよ、不穀《ふこく》の国、小なりと雖《いえど》も、卒《そつ》は已《すで》に悉《ことごと》く起こる。願わくは大国の意を秦に信《の》(伸)べんことを。因りて願わくは大国の使者をして境《さかい》に入らしめ、楚の卒を起こすを視せしめよと。

韓、人をして楚に之《ゆ》かしむ。楚王因りて車騎を発し、これを下路《かろ》に陳《つら》ねて、韓の使者に謂いて曰わく、韓の君に報じて言使者は国に帰るとその通りに報告した。襄王はとても喜び、公仲朋が秦に行くのを中止させた。公仲朋は抗議した。

「なりません。そもそも実際にわが国を攻めているのは秦です。楚は言葉でわが国を助けているだけです。楚の甘い言葉に乗せられて、強国の秦の脅威をあなどると、国を危うくすることになります」

襄王はこの諫言を聞き入れなかった。公仲朋は腹を立てて帰宅し、そのまま十日も引きこもってしまった。

宜陽の戦況はいよいよ急迫してきた。襄王は使者を立てて楚の軍の出陣を促す。使者は次々と出されたが、とうとう援軍は来なかった。やがて宜陽は攻め落とされ、襄王は諸侯の笑い者となった。

だから私は言うのだ。

「自分の力をわきまえず、外国の力を頼っていると、国を削られることになる」と。

え、弊邑《へいゆう》の兵、今将に境に入らんとすと。使者還《かえ》りて韓の君に報ず。韓の君大いに悦《よろこ》び、公仲を止《とど》む。公仲曰わく、不可なり。夫《そ》れ実を以て我れを害する者は秦なり。名を以て我れを救う者は楚なり。楚の虚言《きょげん》を聴きて、軽〻《かるがる》しく強秦の実禍を誣《し》いるは、則ち国を危うくするの本《もと》なりと。韓の君聴かず。公仲怒りて帰り、十日朝《ちょう》せず。宜陽益〻《ますます》急なり。韓の君、使者をして卒を楚に趣《うなが》さしむ。冠《かん》蓋《がい》相い望むも、而も卒《つい》に至る者無し。宜陽果《は》たして抜かれ、諸侯の笑いと為る。故に曰わく、内は力を量《はか》らず、外は諸侯を恃《たの》む者は、則ち国削《けず》らるるの患《うれ》いなりと。

（十過）

自社や自分の実力をしっかり認識

自国の力をわきまえず、他国をあてにして失敗したというものである。他国と手を結ぶ場合には、まずは自国の力を正しく認識する必要があるということだ。

ビジネス風にいえば、「他の企業と手を結ぶ場合には、まずは自分の会社の力量をしっかりと認識しておくべき」ということになるだろうか。個人においても自分の実力をわきまえるべきであろう。

特に**自分の力を過大に評価するのは禁物**。自信過剰に陥り、まわりから見れば「身の程知らず」ということになるからだ。自分の力量はしっかりと見きわめておきたい。

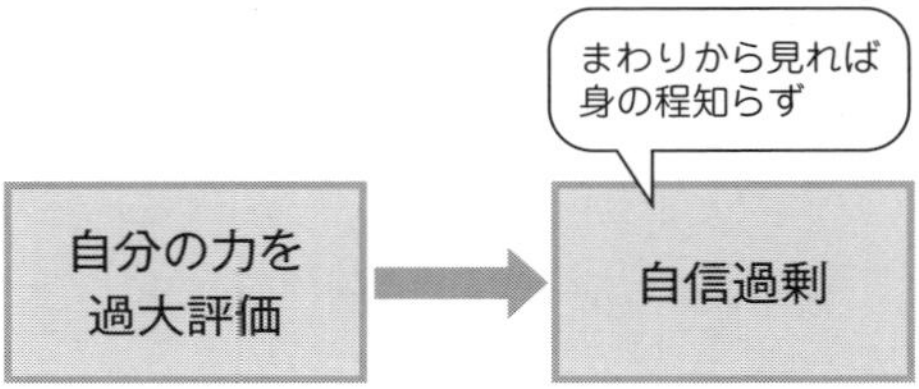
まわりから見れば
身の程知らず
自分の力を
過大評価
自信過剰

自信過剰は禁物

ボクが書いた原稿は完璧なはずなんだけどなぁ
松ちゃん それって自信過剰だよ 自分の力を過大に評価するのは禁物さ
仕事でもお酒でも自分の実力を把握しておくべきだね

何事においても、自分の実力を把握しておくのは大事なこと。身の程知らずにならないよう気をつけよう。

おわりに

本書は『韓非子』の一部を取り上げた入門書であることは、「はじめに」で触れたが、『韓非子』の組織管理論やマネジメント・ノウハウを少しでも知ってもらうことができたら幸いである。

本書をきっかけに『韓非子』に興味を持った方には、さらに『韓非子』の世界に踏み込み、その魅力を味わうことをおすすめしたい。

前田信弘

【参考文献】
『韓非子』金谷治（岩波書店）
『中国の思想　韓非子』西野広祥　市川宏（徳間書店）
『韓非子――強者の人間学』守屋洋（ＰＨＰ研究所）
『ビギナーズ・クラシックス　中国の古典　韓非子』西川靖二（角川学芸出版）
『［新訳］韓非子』西野広祥（ＰＨＰ研究所）
『30歳から読む韓非子』中島孝志（マガジンハウス）

前田信弘（まえだ　のぶひろ）

経営コンサルタント、ファイナンシャル・プランナー。長年、経営、会計、金融、マーケティングなど幅広い分野でビジネス教育に取り組むとともに、さまざまなジャンルで執筆・コンサルティング活動を行う。あわせて歴史や古典などをビジネスに活かす研究にも取り組んでいる。

主な著書

『知識ゼロからの会社の数字入門』『知識ゼロからの孫子の兵法入門』『知識ゼロからのマーケティング入門』『知識ゼロからの会社のしくみ』『知識ゼロからのビジネス論語』『知識ゼロからのビジネス菜根譚』（以上、幻冬舎）、『一発合格！ FP技能士３級完全攻略テキスト』『一発合格！ FP技能士３級完全攻略実戦問題集』『一発合格！ FP技能士２級AFP完全攻略テキスト』『一発合格！ FP技能士２級AFP完全攻略実戦問題集』『トコトンやさしい日商簿記３級テキスト＆問題集』（以上、ナツメ社）、『ここが出る!! FP技能士３級完全合格教本』（新星出版社）、『３カ月で合格！ FP技能士 最短合格の時間術・勉強術』（インデックス・コミュニケーションズ）、『簿記一年生』（日本能率協会マネジメントセンター）ほか多数。

装幀　石川直美（カメガイ デザイン オフィス）
装画　古谷三敏
本文漫画　『BARレモン・ハート』（双葉社）より
本文デザイン　久下尚子
本文イラスト　宮下やすこ
編集協力　ヴュー企画（西澤直人）
編集　鈴木恵美（幻冬舎）

知識ゼロからのビジネス韓非子

2012年3月10日　第１刷発行

著　者　前田信弘
発行人　見城　徹
編集人　福島広司

発行所　株式会社 幻冬舎
〒151-0051　東京都渋谷区千駄ヶ谷4-9-7
電話　03-5411-6211（編集）　03-5411-6222（営業）
振替　00120-8-767643
印刷・製本所　株式会社 光邦

検印廃止

万一、落丁乱丁のある場合は送料小社負担でお取替致します。小社宛にお送り下さい。
本書の一部あるいは全部を無断で複写複製することは、法律で認められた場合を除き、著作権の侵害となります。
定価はカバーに表示してあります。

©NOBUHIRO MAEDA, GENTOSHA 2012
ISBN978-4-344-90244-2 C2095
Printed in Japan
幻冬舎ホームページアドレス　http://www.gentosha.co.jp/
この本に関するご意見・ご感想をメールでお寄せいただく場合は、comment@gentosha.co.jpまで。